中國政治
現代化的發展歷程

天朝思想、封建禮教、錯誤政策

五千年文明爲何變得脆弱不堪？

曾經輝煌的五千年文明，何以走到各國都敢欺凌踐踏？
中國脆弱得不堪一擊是誰的鍋？只對慈禧一人究責公正嗎？
被禮教約束了上千年，革命派如何喚起中國人的民族意識？
推翻帝制、建立共和，但要真正走向法治，這樣還遠遠不夠……

張連文 著

目錄

目錄

第二章　中國現代化的方向

第三章　民國初年的政治

第四章　中國現代化之路的反思

參考書目

目錄

自序

　　早就想寫一本關於中國現代化方面的書，特別是在十年前誠懇地拜讀完易中天先生的《帝國的終結》之後。只是一直以來都沒有動筆，原因很多，簡單來說就是很明白只有感性的衝動是不夠的，認識到自己欠缺太多的知識涵養，遠遠不夠支撐起一本書的框架和內容。

　　千里之行，始於足下。有想法還需行動，從二〇一二年開始我多方面讀涉關晚清的書籍，接觸楊天石、馬勇、張鳴、張宏傑等人的文字，一讀之後就再也停不下來，讀到二〇一五年，還是不能動筆，從何處構思呢？我還得思考下去。

　　晚清政治的腐敗是社會生產關係的必然結果，歷史發展是有規律可循的。晚清帝國被外來勢力侵略也反映了社會、經濟、政治、文化落後的悲哀。前事不忘，後事之師，我們最終要釋放出什麼樣的忠告，好把我們讀到晚清那段歷史的熱血賁張的心情告訴他們，不管是我們身邊的朋友還是素未謀面的人。

　　中國是一個歷史悠久的國度，知識分子理應成為社會的警鐘，意識到社會的走向，因為一切從歷史的教育中來。特別在國勢衰弱混亂的時代，國民的教育與覺醒就顯得很重要。要讓農耕民族從靈魂深處萌生出時刻愛國的熱情，談何容易。譚嗣同希望以個人的死換來民眾之覺醒以及為光緒皇帝的悲情作一

注解，畢竟看熱鬧的觀者眾多，升騰起革命血氣的勇者少。儒家倫理影響下的千年忠恕忍讓的民族之風，讓我們已經習慣了平和的生活，依託一百零三天的「維新」去改革政治大事，想盡快喚醒國民，談何容易？魯迅先生所譴責的國民劣根性，至今在我們的身上多少仍繼承和延續著。十九世紀中葉外國列強用堅船利炮打開中國緊鎖的國門，迫使中華民族必須以開放的姿態去面對世界，在世界各民族激烈競爭的形勢下，孔孟之道實難以抵擋帝國主義的強勢入侵。

晚清政治家和全體國民應對的是華夏民族千年未有的大變局和大危機。晚清政治失敗的責任應由當政者與全體國民一體承擔。中國政治文化缺少對國民的批判與反思。面對以近代科學技術武裝起來的帝國主義列強，弱小無依的百姓不足以擔負起抵抗的重任。靠太平天國不能救中國，靠義和團的激情宣洩也不能救中國。歷史在向前推進，把封建專制時代的社會秩序和政治制度都撇在身後，新的事物在產生，新的情勢在出現，中國向著民主化、現代化的目標在行進。這是誰也無法抗拒的時代主流，向後看的、留戀舊時代的、走回頭路的力量都要被狠狠碾碎在歷史的車輪下面。

民國建立，封建時代的個體小農經濟沒有改變，農民所受到的封建剝削沒有改變。民國成立以後，袁世凱稱帝，北洋軍閥輪流把持政權……我們為此又在呼號和奮爭中過日子。袁世

凱和北洋軍閥最終一個個被消滅了，抗戰中背叛民族、荼毒人民的社會黑惡勢力，也已經受到最後的審判——這也正是我們回顧百年抗爭史的緣故，也是明知道寫這段歷史已經被寫得很多很好，我還是要把自己的文字寫出來的緣故。大清帝國不只是革命黨人推翻的，也是清朝貴族用自己的手掀翻的。

終結帝制是中國歷史的大進步，這既是對一百多年前法國大革命的回應，也是對幾個世紀之前英國工業革命的回應，是中國社會轉型過程中一個無法迴避的重要節點。

一百年過去了，回溯這一百年的進與退。實事求是地說，不論清帝退位後的中國怎樣一度混亂，也不論在民主共和的道路上出現過多少次反覆，中國往前走的決心不變，方向不變。我們在過去的一百年，已經大致建構了一個現代國家的基本框架，帝制時代已經永遠離我們而去，我們知道必須有強的國才有強的家，必須把人民的利益放在首位。

清史大家馬勇說：「如果按照杭亭頓（Huntington）的分類，在我看來辛亥革命更像是協商的，體制內外在革命的威脅下形成的一種轉型。體制內遇到了體制外革命的威脅，借助這個威脅把最強硬的那一派——貴族、清王室趕出局，體制外的革命者和他們交手打了幾個回合，發現沒有勝利的可能，財政力量不足，打不下去，於是向溫和派靠攏。於是體制內外的溫和派攜手完成了一次轉型，這就是辛亥革命。這就是按照杭亭

頓的理論，又形成了一個轉型。」我很贊同這個觀點，歷史的發展從來都是合力的結果，有時看似不合理，像兩晉南北朝和五代十國的出現。

發展之路還需是提前認真想過的路，是為國家民族利益著想的路。

書可以寫到擱筆，但思考分析民族發展的想法不會終結，我愛自己的國家和民族，愛國從來就是一個國民該做的事。

張連文

第一章 維新與革命之爭

第一章　維新與革命之爭

戊戌維新的往事

一八九五年的歷史天空下，布滿烏雲。

中日甲午戰爭後，民族危機空前嚴重，《馬關條約》簽字後的第六天，俄、德、法干涉還遼，引來大清帝國政府再拿出三千萬兩白銀給日本作為贖遼費用。甲午戰爭以前，大清帝國的財庫已經困難到運作無籌的地步，每年收入僅為八千八百九十萬九千兩，每年支出多於收入，巨額賠付自行籌措已成為鏡花水月，清政府只好彎腰低頭向帝國主義國家舉借貸款。於是出現了一八九五年「俄法借款」、一八九六年「英德借款」、一八九八年「英德續借款」三筆大借款總計三億兩，加上利息共計六億多兩，附帶政治性條件的貸款不僅破壞了清政府的主權和財政，而且成為壓在中國人民頭上的負擔。

經歷三十多年的洋務風潮，中國民族資本主義也獲得了初步發展。中國民族資產階級上層和開明士紳登上歷史舞臺，主張對中國傳統的政治、經濟和思想文化進行資本主義模式的改革，以挽救民族危機，使國家臻於富強。這其中以康有為、梁啟超為首的知識分子成為當時變革的領導力量。康有為（西元一八五八至一九二七年），原名祖詒，字廣廈，號長素，廣東南海人。地主官僚家庭出身。十八歲時受業於江南名儒朱次琦，思想獨立，喜好陸（象山）、王（陽明），而鄙棄程（頤）、朱（熹）。二十一歲遊歷香港，接觸到西方資本主義文明，以為

「西人治國有法度，不得以古舊之夷狄視之」，購買西書，倡導西學，走上探求救國真理的道路。一八八四年，中法戰爭爆發，康有為目睹外侮侵凌、帝國政府政治腐敗的事實，激發了變法維新的思想。一八八八年康乘赴京參加順天鄉試之機，第一次上書帝國皇帝，提出「變成法，通下情，慎左右」三策，請求光緒帝能夠圖治改革。由於頑固派把持朝政而難以上達，於是向南返回廣州。一八九一年春，康有為在廣州創辦萬木草堂，培養變法維新人才，先後得到梁啟超、陳千秋等弟子數人。一八九五年春，晚清政府對日簽訂了喪權辱國的《馬關條約》。消息傳至北京，康有為、梁啟超聯絡十八省舉子一千三百餘人聯名上書光緒皇帝，提出「拒和、遷都、變法」的主張，反對簽訂《馬關條約》。上書在社會上激起廣泛影響，資產階級維新派正式登上歷史舞臺，維新思潮轉變為實際的政治運動。

此後，康有為以「變法圖強」為號召，先後在北京、上海成立強學會，發行《萬國公報》（後改為《中外紀聞》）和《強學報》，宣傳變法維新、救亡圖存。一八九五年末，北京、上海強學會先後被封禁，《中外紀聞》、《強學報》被迫停刊。維新變法已成為一種時代思潮。一八九六年，梁啟超在上海創辦《時務報》，發表〈變法通議〉等重要文章；一八九七年，嚴復在天津創辦《國聞報》；一八九八年，譚嗣同、唐才常等在湖南創辦《湘報》。這些報刊以達爾文進化論為思想武器，警示民族危

第一章　維新與革命之爭

亡，呼籲國人「救亡圖存」；揭露封建專制制度為中國落後的根源，鼓吹資產階級民權思想，大力提倡新學。與此同時，維新派又在各地成立學會、創辦學堂。據不完全統計，一八九五年至一八九八年間，維新派創辦學會、學堂、報館等共五十餘所，出版報刊三十餘種，為維新運動高潮的到來，做了充足的輿論準備。

其時，中國民族資產階級尚未形成獨立的政治力量，維新派也迫切尋求政治上的依託。甲午戰爭後，帝黨與維新派逐漸結合，強學會的成立成為兩方結合的象徵。

一八九七年冬，從德國強占膠州灣開始，帝國主義列強掀起了在中國強占租借地、劃分勢力範圍的狂潮。面對亡國危機，康有為再次從南方趕到北京，向光緒帝呈遞了〈上清帝第五書〉，提出變法的上、中、下三策以供選擇。上策是「採法俄、日以定國是」；中策是「大集群才而謀變政」；下策是「聽信疆臣各自變法」。並提出「自茲國事付國會議行」，「採擇萬國律例，定憲法公私之分」等內容，涉及帝中國部中央政權體制的改革，展現了維新派追求資產階級民權制度的政治理想。這次上書，因言辭激烈被頑固派阻格，未能上達。

一八九八年一月，康有為上〈應詔統籌全局折〉（即〈上清帝第六書〉），提出變法綱領：一、「大誓群臣以革舊維新，而採天下輿論，取萬國之良法」；二、「開制度局於宮中，徵天下

通才二十人為參與，將一切政事制度重新商定」；三、「設待詔所，許天下人上書」。其核心是第二款，設立制度局。

按照康有為的設想，制度局是一個指導全國變法的中樞機構，其職能是負責立法和議政；另立法律、稅計、學校、農商、工務、礦政、鐵路、郵政、造幣、遊歷、社會、武備等十二專局，作為行政機構，具體執行制度局所議定之新政事宜。

同年四月，康有為在北京發起成立保國會，以「保國、保種、保教」為宗旨，又規定了總會和分會的組織系統、權限和職責、入會手續、會員權利和義務，已略具資產階級政黨規模。在保國會的推動下，各地紛紛建立禦侮救亡性質的愛國團體，「維新變法」、「救亡圖存」已匯聚成為強大的時代潮流。

六月十一日，光緒帝發布〈明定國是詔〉，宣布變法維新，號召大小諸臣「以聖賢義理之學植其根本」，「博採西學之切於時務者實力講求」。自此，至九月二十一日慈禧重新宣布訓政為止，光緒帝頒布維新法令，推行變法新政，共一百零三天，史稱「百日維新」。

儘管百日維新中頒布了一百八十餘道新政上諭，除湖南巡撫陳寶箴認真舉辦新政外，絕大多數督撫持觀望態度，將賭注仍押在慈禧太后身上。維新黨看到后黨頑固派加緊政變準備，亦多方努力促成軍事政變計畫之實施。他們拉攏袁世凱，企圖借袁氏之力誅殺榮祿，包圍頤和園，劫持慈禧太后，保護光緒

帝，捍衛變法新政。光緒帝召見袁世凱，破格賞其侍郎頭銜，以備不時之用；大量提拔維新人士，擬開懋勤殿制度；又訂於九月二十日召見日本前首相伊藤博文；維新派和帝黨官員亦頻頻接觸伊藤，上摺請聘其為新政顧問官。這幾件事引起了后黨集團的極大疑忌，慈禧決定搶先在光緒接見伊藤之前發動政變。

　　九月十八日，后黨御史楊崇伊向慈禧上密摺，請太后「即日訓政」。后黨實力派直隸總督榮祿於同日調兵遣將，為發動政變預做軍事部署。維新派亦加緊行動，譚嗣同於當日夜訪袁世凱，策動袁執行「殺（榮）祿錮后」計畫。袁佯作應允，藉託詞延緩執行。十九日，慈禧突然從頤和園回宮，發動政變，囚禁了光緒。二十日，光緒在慈禧嚴密監視下，處理了兩件原先預定的政務，一是召見袁世凱「請訓」，二是召見伊藤博文。二十一日，慈禧假光緒帝名義，發布籲請太后訓政的詔書，宣布第三次臨朝訓政，下令逮捕康有為和康廣仁。袁世凱於二十日「請訓」後回津，立即向榮祿告密。二十四日，慈禧下令逮捕譚嗣同、楊銳、劉光第、林旭、楊深秀。二十八日，此五人與康廣仁一起被殺於北京菜市口，史稱「戊戌六君子」。康有為、梁啟超逃亡日本。支持變法維新的官員陳寶箴、江標、黃遵憲、張蔭桓等數十人或被捕入獄，或罷官，或遭戍。除京師大學堂和通商、惠工、重農、育才等洋務項目外，廢除全部新政，戊戌變法失敗。

其後，民主鬥士康有為越來越遠離時代，最終淪入保皇的絕境。在他沉淪的過程中，他的學生開始出現分化，有的不滿乃師的迂闊，另闢蹊徑，如梁啟超；有的看破紅塵，遁入空門，如曹泰；有的流落市井，甘做寓公，如徐勤；有的離開師門，不知所終，如何樹齡。但更多的是和老師形影相隨，休戚與共。

改革向哪裡去

中國民族資本主義工業在洋務運動三十年間出現並漸趨壯大，其中在戊戌維新前後略有發展，到了辛亥革命前夜，仍弱小不足與恃，政治影響力極其有限。[01]

甲午戰爭後，中國社會實際上有三股救亡力量存在，分別是康派維新人士，以孫中山為代表的革命人士，以及由農民組成的會黨等社會力量。

戊戌運動中，康有為發起成立的京師「強學會」，成為最著名的學會，有明確的政治目標，組織形式和運轉方式已帶有政黨的特點。所辦報紙最初借用傳教士主持的《萬國公報》之名，經教會抗議，康有為等人將其更名為《強學報》。《強學報》以議論政治為主要內容，開啟了維新運動言論新聲，貢獻極大。[02]

01　楊天石：《國民黨人與前期中華民國》，中國人民大學出版社，2007 年 7 月版，1—2 頁。

02　馬勇：《中國歷史的側面》，光明日報出版社，2014 年 1 月版，185 頁。

第一章　維新與革命之爭

「強學會幾乎可以稱作『貴族俱樂部』，會員全部是高層知識分子和政府各級官員。工部主事康有為為負責人，文人梁啟超是書記員，而會長則是戶部郎中、軍機處章京陳熾，會員包括文廷式、沈曾植、丁立均等帝國政府官員，其中還有後來成為中國近代著名軍閥的徐世昌和袁世凱。」[03] 湖廣總督張之洞、兩江總督劉坤一和直隸總督王文韶 —— 他們各捐了五千兩銀子，支持者還有光緒皇帝的師傅翁同龢。甚至連李鴻章也要求入會並表示捐款，由於「惡名昭著」而被堅定地拒絕了。「強學會」甚至得到了洋人們的支持，英國駐華公使歐格納（O'Conor）也在其中。「強學會」深深擔憂著這個「俄北瞰，英西睨，法南瞵，日東眈，處四強鄰之中而為中國，岌岌哉！」的老大帝國。「三州父子，分為異域之奴；杜陵弟妹，各銜鄉關之痛。哭秦廷而無路，餐周粟而匪甘。矢成梁之家丁，則螳臂易成沙蟲；覓泉明之桃源，則寸埃更無淨土。」[04] 強學會發動群眾團結起來，向德國和日本學習。反對者只能透過政治手段指控康、梁結黨營私、經濟貪占，學會最終遭到帝國政府查禁。查封「強學會」的旨意是慈禧強迫光緒以皇上的名義下達的。「強學會」被改稱為「官書局」，《中外紀聞》變成了《官書局匯報》，學會人員大都被改組出局了。

03　王樹增：《1901》，人民文學出版社，2011 年 4 月版，43 頁。
04　湯志鈞：《康有為政論集》上冊，中華書局，1981 年 2 月版，165—166 頁。

西方資產階級革命依靠的是新興的商人階層作為革命的主力，而這個階層在現代商業不發達的清帝國時代根本肩負不起改革的使命。在中國最龐大的人口群體是農民，維新變革的口號或目的因為不能滿足這個階層的利益要求，自然不會被農民們所關注。

《馬關條約》簽訂後，「中國進入維新時代，過去三十年管控過於嚴厲的社會得以釋放，新的社會階層得以產生，社會空間得以打開，維新、變法，成為中國人最樂於談論的問題。」[05]中國社會在迅速變化，鐵路開始建設的速度和礦山開採的規模都在發展。

百日維新的基本思路無疑跳不開慈禧太后的欽定方針，經濟體制與政治體制的不配套，經濟的發展受縛於傳統的舊體制，導致的社會矛盾也越來越多。

同樣慈禧太后否定百日維新，主要出於維持個人集權的需求，「只有暫時透過對百日維新的直接否定，才能盡快地恢復正常的社會政治秩序。」[06]

05　馬勇：《中國歷史的側面》，光明日報出版社，2014 年 1 月版，213 頁。

06　馬勇：《大變革時代：1895—1915 年的中國》，經濟科學出版社，2013 年 1 月版，158 頁。

第一章　維新與革命之爭

李鴻章的時代

　　李鴻章（西元一八二三至一九〇一年），晚清名臣，安徽合肥人，號少荃（泉），世人多尊稱李中堂，亦稱李合肥，諡文忠。淮軍、北洋水師的創始人和統帥，洋務運動的領袖，官至直隸總督兼北洋通商大臣，授文華殿大學士，曾代表清政府簽訂了《中法新約》、《馬關條約》等。

　　自一八六〇年代開始，李鴻章等漢族官員積極倡導透過學習西方兵工來訓練和裝備軍隊，洋務運動在華夏大地上開展起來。中國機械製造，近代的採礦、鐵路、電報、輪船等從無到有，都離不開李鴻章的支持，在辦新式學堂、派遣留學生方面，曾、李等漢族重臣更是不遺餘力。「對洋務自強，他充滿著信心；對殘破的國家，他也從未喪失重整乾坤的自負。」[07]

　　早在創建淮系軍隊的時候，李鴻章就顯露出他與大清帝國官員們的迥異：對西方的科技和洋務活動很感興趣。當淮軍在驚恐中穿越布滿太平軍營壘的水道成功地進至上海以後，一舉掃平了長江下游的太平軍。李鴻章利用江淮富商的支持大肆購進機器設備，創辦了中國第一個近代軍工企業上海洋槍三局。

　　創辦近代企業需要大量的財力，更需要新的思想和觀念。李鴻章曾有一封介紹西學蒸汽動力運轉原理的奏摺：

　　「鏇木、打眼、絞鏍旋、鑄彈諸機器，皆綰於汽爐，中盛水

07　馬勇：《中國歷史的側面》，光明日報出版社，2014 年 1 月版，213 頁。

而下熾炭，水沸氣滿，開竅由銅喉達入氣筒，筒中絡一鐵柱，隨氣升降俯仰，撥動鐵輪，輪縮皮帶，繫繞軸心，彼此連綴，輪轉則帶旋，帶旋則機動，僅資人力以發縱，不靠人力之運動。」頂戴花翎、腦後拖辮的李鴻章能夠如此解釋對中國人依然陌生的蒸汽機，令人起敬。

京杭運河淤塞嚴重，朝廷籌商透過海路來調運南北貨物。加上當時外國輪船公司在中國投資航運業大獲其利。李鴻章衝破阻力大膽買了三艘輪船投入航運，就這樣輪船招商局在一八七三年成立起來。不久後，延請英國怡和洋行的大買辦唐廷樞出任總辦，寶順洋行的買辦徐潤、商人朱其昂和李鴻章的幕僚盛宣懷出任會辦。透過「官督商辦」的經營方式，輪船招商局在幾個廣東買辦商人手裡發展起來。招商局一面要應對激烈的市場競爭，一面應對守舊勢力將其拉回到官辦狀態的壓力。在李鴻章堅守「商為承辦、官為維持」原則的支持下，招商局與外商爭利，透過艱難營運，加上與朝廷的關係逐步承攬了朝廷「官物」一半的運輸量，最終在業務上擠垮了英美合辦的旗昌公司。十年之間，透過致力經營，招商局終於穩住陣腳，貨輪壯大為三十餘艘，裝載量達到兩萬四千噸，一八七七年成功收購了旗昌公司的全部財產，包括各處的碼頭，實力超過英商怡和、太古兩家輪船公司。[08]

08　雷頤：《李鴻章與晚清四十年》，山西人民出版社，2008 年 1 月版，217—218 頁。

第一章　維新與革命之爭

　　洋人起初要在大清土地上營運電報業，朝野上下兼以為「電報之設，深入地下，橫衝直撞，四通八達，地脈既絕……」李鴻章透過朝廷內斡旋，從大沽口到天津的第一條電報線開通。李鴻章知道電報業所蘊藏的軍事和民用價值，同樣利用「官督商辦」方式，由大清帝國政府支持、民間籌款投資的電報公司成立。資金來自民間招募的商股，有時政府也預先墊款以作資本，但創辦以後要陸續歸還。企業的用人、行政和理財大權由洋務派委派的總辦或督辦掌握，一般商民無權過問。但企業盈虧「全歸商認，與官無涉」，官款可以坐收「官利」，依靠官方的庇護。李鴻章稱此舉「事體重大，有裨國計民生，故需官為扶持並酌借官帑以助商力之不足」。

　　江南製造總局、輪船招商局在規模上都超過恩師曾國藩所請開創之企業，有助於帝國的工業化，也為政府財政提供了大量的資金。只是官督商辦體制，由於從企業中隨意抽離資金、冗員安插、長期的政策保護等因素的影響，導致企業暮氣很重，隨著外國勢力的入侵和民族資本的興起，大多洋務企業難逃悲劇命運。

　　一八七〇年代以後，邊疆、海疆的危機越來越嚴重。李鴻章曾上奏說：「從來兵合則強，兵分則弱。中國邊防、海防各萬餘里。若處處設備，非特無此餉力，亦且無此辦法。苟有鐵路以利師行，則雖滇黔甘隴之遠，不過十日可達。十八省防守之旅，皆可為（機動）游擊之師。」

在千難萬難中，李鴻章推動了鐵路和海軍建設。其中鐵路建設從一八七七年上奏，到一八八六年大清帝國正式發布宮廷文件稱「（鐵路）為自強要策……即可毅然興辦」，耗時近十年。

曾國藩曾經讚賞李鴻章說：「少荃天資於公牘最近，所擬奏諮函批，皆大過人處，將來建樹非凡，或竟青出於藍，亦未可知。」

身為中興良臣，辦洋務李中堂不愧為一把好手，很多東西以前沒有，一八六〇年代以後都出現了。對於維護大清帝國的統治，洋務運動亦是一種維新，以期加固這一老舊王朝的存在。只是能臣作為皇權體制之下的玩偶，許多時候不由自主。於是在風雨飄搖的大清帝國，李鴻章風光一時，呈一時之興。所謂興也李中堂，敗也李中堂。

李鴻章說：「我辦了一輩子的事，練兵也，海軍也，都是紙糊的老虎，何嘗能實在放手辦理？不過勉強塗飾，虛有其表，不揭破猶可敷衍一時。如一間破屋，由裱糊匠東補西貼，居然成是淨室，雖明知為紙片糊裱，然究竟決不定裡面是何等材料。即有小小風雨，打成幾個窟窿，隨時補葺，亦可支吾應付。乃必欲爽手扯破，又未預備何種修葺材料，何種改造方式，自然真相破露，不可收拾，但裱糊匠又何術能負其責？」

李鴻章曾在給朋友的信中道出內心的苦悶：「書生們空談誤

第一章　維新與革命之爭

國，實在可嘆。外國猖獗到了這個地步，不急切地求得國家富強，中國何以自立！」

繁忙中李鴻章一直沒有放下對於西方文化的了解和學習，內心嚮往清帝國和華夏民族的繁榮富強。看到了中國落後於西方緣於科技和文化的落後，希望透過腳踏實地的努力，盡自己的力量，求得中國向好的方向改變。

甲午戰後，李鴻章被解除直隸總督兼北洋大臣職務。他迅速成為千古罪人，引起各種指責，替大清帝國又一次背負起賣國的罪名。一九〇〇年六月，八國聯軍攻略下的北京城，局勢陷入一片混亂。慈禧「著李鴻章為全權大臣」，將李鴻章由兩廣總督重新調任直隸總督兼北洋大臣。一九〇一年九月，李鴻章代表大清帝國與德、日等十一國簽訂辛丑條約。十一月，「久經患難，今當垂暮，復遭此變，憂鬱成疾，已乖常度」的李鴻章在遺疏中留下這樣的話：「和議新成，東事尚棘，根本至計，處處可虞。竊念多難興邦，殷憂啟聖。伏讀迭次諭旨，舉行新政，力圖自強。」肝腸寸斷，力勸新政，昭然躍目。

李鴻章死後，梁啟超寫道：「吾敬李鴻章之才，吾惜李鴻章之識，吾悲李鴻章之遇。」他的「才」、「識」、「遇」，其實也就是他「個人」與那個激烈動盪的時代、與那個江河日下的王朝的關係。

慈禧太后

　　鴉片戰爭以後，中國逐步淪為一個半殖民地半封建的國家，內憂外患下，中華帝國「國事日蹙，國本動搖，土地淪於異族者，幾乎達到三分之一」。[09]

　　慈禧太后（西元一八三六至一九〇八年），葉赫那拉氏，乳名蘭兒，安徽徽寧池廣太道道臺惠徵女。一八五一年選秀女入宮，號懿貴人，得咸豐皇帝寵幸，一八五四年進封懿嬪。一八五六年生子載淳。次年進位為「儲秀宮懿貴妃」。晚清重要的政治人物，晚清帝國實際的統治者。

　　一八六一年八月，咸豐帝病死於熱河，遺詔立載淳為皇位繼承人。怡親王載垣、鄭親王端華、戶部尚書肅順等八人贊襄政務，年號「祺祥」。同年十一月，「聖母皇太后」慈禧與恭親王奕訢發動政變，處置了肅順等八大臣，改元同治，兩宮太后垂簾聽政控制了國家大權。此後，慈禧太后推行的對外和好、對內重用洋務集團和漢族官僚的政策，深刻地影響了晚清政局。

　　慈禧的上位具有很大的偶然性，前提是咸豐皇帝體弱多病、似乎太短命了一些。但話說回來，一個女人掌握大清命運達四十七年，這又似乎不能完全歸結於運氣。

　　其實，慈禧的上臺有幾個條件。

09　林家有：《孫中山與中國近代化道路研究》，廣東教育出版社，1999 年 11 月版，40 頁。

第一章 維新與革命之爭

　　一是慈禧工於書法，又常常伴咸豐左右幫助他批閱奏章。由於離最高權力很近，慈禧掌握了一定處置朝政的能力，對權力的欲望更加強烈。「西宮優於才，而判閱奏章，裁決庶務，及詔對時諮詢利弊，悉中窾會」。「辛酉政變」時，慈禧只有二十六歲，卻具有相當老辣的政治手腕，先後利用打擊恭親王奕訢，使其最終臣服於皇權之下。

　　二是辛酉政變後外國政府對帝國接班人的認可。政變發生以後，英國公使卜魯斯（Bruce）給中國的諮文：「在過去十二個月中，造就了一個與之具有友好往來可能性的派別，有效地幫助這一派人掌權是一個非同小可的成就。我們在北京建立了令人滿意的關係，在某種程度上已成為這個政府的顧問……」《北京條約》訂立後，法、俄兩國首先提出幫助清政府鎮壓太平天國的建議。法國專使葛羅（Gros）表示，「所有該國停泊各港口的船隻、兵丁悉聽調遣」。其後俄國和美國也趨向示好，俄國協助部分武器，美國願代為運送漕糧。

　　三是慈禧善於權術的靈活運用。政變期間，對權傾一時的恭親王是一打，銷毀百官與肅順等贊襄大臣間的書信又是一拉。穩定北京局勢之後，延續肅順等人重用漢族官員的做法。

　　《湘軍志》記載，一八六三年十二月曾國荃率湘軍攻陷雨花臺，所部五萬人圍天京（今南京），一八六四年四月，曾國藩又調駱秉章的二十四個營增援，一八六四年七月南京在被湘軍曾

國荃部圍困半年後城破，太平天國失敗。曾國藩的勢力在達到極盛之時，請旨裁撤湘軍大部，並嚴屬要求弟弟曾國荃主動隱退。這樣化解了來自許多方面的猜測，更是使朝廷心安。

在帝制時代，皇權得以穩固的帝王術莫過於對朝臣的打壓、分化和制衡，防止任何政治勢力的獨大。慈禧頻頻打壓恭親王是這樣，利用左宗棠和李鴻章來制衡曾國藩也是如此。

李鴻章長期擔任直隸總督兼北洋大臣，成為晚清政壇不倒之柱石，實與慈禧太后的支持密不可分。印鸞章在《清鑑》一書中說：「（慈禧）聽政之初，軍事方亟。兩宮仍師用肅順等專任漢人策。內則以文祥、倭仁、沈桂芬等為相，外則以曾國藩、左宗棠、李鴻章等為將。自軍政吏治，黜陟賞罰，無不諮詢，故卒能削平大亂，開一代中興之局。」[10] 慈禧支持曾、李辦洋務，支持恭親王奕訢設立天文算學館的建議。洋務運動對中國走向現代化是有幫助的，所以慈禧對中國走向現代化產生過正面的影響。

即使是維新運動，沒有慈禧在一定程度上的支持，也是寸步難行，包括〈明定國是詔〉在內的不少「聖旨」下達前都經過慈禧審定首肯。康有為呈遞的變法條陳和《俄彼得變政記》與《日本變政考》均曾由光緒帝「恭呈慈覽」。[11] 慈禧太后在

10　邢超：《致命的倔強：從洋務運動到甲午戰爭》，中國青年出版社，2013年7月版，53—55頁。

11　孔祥吉：〈百日維新失敗原因新論〉，《戊戌維新運動新探》，湖南人民出版社1988年，360頁。

第一章　維新與革命之爭

〈明定國是詔〉頒布之前，曾給予六個字的意見：「今宜專講西學。」其後在詔書正式頒布前，翁同龢也做了一定的調和式的改動：「以聖賢義理之學植其根本，又須博採西學之切於時務者，實力講求。」也就是以老祖宗的學問作為基礎，再學習西方學問中對中國有實際幫助的學問。這可以理解為在向西方學習上，慈禧是沒有堅決阻止的意思，特別是在甲午戰敗之後。[12] 在維新勢力主張廢除八股文上，頑固派極力反對，慈禧太后表示支持廢除，可以看到針對老祖宗的東西，某些方面在慈禧太后那裡也是可以改動的。關鍵是在她那裡有一條底線，「凡所實行之新政，但不違背祖宗大法，無損滿洲權勢，即不阻止」。可以理解為一不能觸碰她的權力，二不能傷害滿洲貴族們的根本利益。之後發生了「禮部堂官」事件，吏部官員王照上奏建議光緒帝和慈禧太后一併出國考察，禮部堂官不支持上奏而且指責王照居心不軌。光緒皇帝知悉事情之後，認為禮部堂官們阻撓新政，進而罷免了禮部六位堂官。禮部尚書懷塔布把情況反映到慈禧和榮祿那裡，引起了慈禧的警覺，她認為是光緒擅自作主，不和她商量，並回護滿洲官員。

　　光緒帝本著急於親政的願望，挑戰慈禧訂立的不能擅自任命二品以上官員的權力規則，罷免了阻撓改革的禮部六堂官，任命楊銳、劉光第、林旭、譚嗣同四小軍機參與新政事，請開

12　楊天石：《晚清史事》，中國人民大學出版社，2007 年 7 月版，53—56 頁。

懋勤殿試圖架空軍機處。光緒帝的做法激起了慈禧太后的強烈反感，緊急出手「凍結」了全部變法措施，把光緒帝軟禁在「瀛臺」，這一切並不能使太后釋然，她決定廢掉光緒。於是開始實施計畫，第一步是讓精通醫理的人為皇帝看病；第二步公布光緒皇帝的病況和診治方案，並送各國使館；第三步選擇端郡王載漪之子溥俊為將來的皇位繼承人。此舉作為一種試探，一開始就遭到部分官員和各國駐華使節的反對，更是以各國公使拒絕出席冊封「大阿哥」的儀式而告失敗。[13] 其後，慈禧太后對洋人很有意見，載漪因對洋人生恨而編造出公使要恢復光緒讓慈禧退位的所謂照會。這些都成為一九〇〇年八國聯軍侵華的重要原因。《辛丑條約》簽訂了，外國軍隊進駐北京了，慈禧後悔與洋人開戰了，把大量賠款給了聯軍。慈禧重新開始新政，這次的底線是預備立憲。

　　從一八六一年咸豐帝駕崩直到一九〇八年慈禧去世，這個女人掌握中國最高權力達半個世紀之久。中國傳統社會過分強調皇權至上，皇權一元化也是中國歷史的鐵律。我們無意過分抨擊慈禧的專權弄勢，在其執掌權力前期，有力地維持了古老帝國的穩定，也支持奕訢、李鴻章等人開展的洋務運動；在其統治後期，卻表現得專權、守舊、貪圖享樂，阻礙了中國社會政治的進步。對慈禧來說，頻頻的外來戰爭才使她走上推行新

13　楊天石：《晚清史事》，中國人民大學出版社，2007 年 7 月版，57 頁。

政的道路。這不僅是慈禧太后個人的悲劇，也是中國人在傳統體制下所必然付出的代價。

張謇與他的實業救國

維新派的啟蒙活動既得不到慈禧太后為首的后黨的支持，也無法得到下層百姓的理解。但畢竟為人們思想帶來大解放，這是維新派在一定程度上優於洋務派的地方。隨著社會進化論、民主自由觀等思潮進入中國，各種思想觀點的宣傳使人們耳目一新。[14]

在晚清中國經歷洋務運動和百日維新的過程中，有一個人曾經極大地影響著社會思想的走向，這個人便是張謇。

張謇（西元一八五三至一九二六年），字季直，號薔庵，祖籍江蘇常熟，生於江蘇省海門市長樂鎮。清末狀元，主張「實業救國」。張謇一生創辦了二十多個紡織企業，為中國近代民族工業的興起和教育事業的發展做出了卓越貢獻，後世稱其為「狀元實業家」。

張謇成為中國晚清時代的科舉狀元，與帝師翁同龢的力薦有莫大關係。一八八五年，張謇參加了順天鄉試，並考中舉人。當時翁正擔任副主考，曾對張謇稱讚有加。只是此後張謇先後四次參加會試均遭失敗。

14　林家有：《孫中山與中國近代化道路研究》，廣東教育出版社，1999 年 11 月版，288—291 頁。

　　一八八二年朝鮮「壬午兵變」發生時，淮軍將領吳長慶率兵進入朝鮮，張謇以主要幕僚身分隨行。張謇撰寫的〈條陳朝鮮事宜疏〉、〈壬午事略〉等政論，條分縷析，受到政界高層人士的廣泛關注。

　　吳長慶去世後，兩廣總督張之洞有意延攬張謇，託李鴻章轉達其意。張謇年譜甲申七月記：「北洋又以粵督六月之託，屬袁子久見招，子久並述北洋意，亦辭。」在羅致人才這一點上，李鴻章與翁同龢有一樣的胸懷和眼光，認為張謇人才難得。

　　翁同龢（西元一八三〇至一九〇四年），咸豐六年（西元一八五六年）狀元，官至協辦大學士，戶部尚書、軍機大臣兼總理各國事務衙門大臣，為晚清清流派領袖。其父翁心存、兄翁同書皆為晚清重臣，翁心存、翁同龢父子更為兩朝帝師，時稱「一門四進士、一門三巡撫；父子大學士、父子尚書、父子帝師」。

　　翁同龢身為清流派領袖，與孫家鼐、文廷式、汪鳴鑾等人形成帝黨集團。李鴻章則為后黨重臣。翁、李之爭，說到底是帝、后兩黨政見之爭。主戰與主和，皆是出自國家利益，政見不一，這不能不說是一種歷史的遺憾，又是無法逃避的必然。

　　淮軍及北洋水師在甲午戰爭中的腐敗震驚著張謇，連身為淮軍和北洋最高統帥的李鴻章也哀嘆：「半載以來，淮將守臺守營者，毫無布置，遇敵即敗，敗即逃走，實天下後世大恥辱事。」

第一章　維新與革命之爭

其實甲午戰前，張謇認為李鴻章身為淮軍首領多年，領銜戰事，自非李氏莫屬，提議對李「鞭策而用之」，掌軍事。故最終甲午敗績，令他對李鴻章感到極度憤怒和失望。「以四朝元老，籌三省之海防，統勝兵精卒五十營，設機廠學堂六七處，歷時二十年之久，用財數千萬之多。一旦有事，但能漫為大言，脅制朝野；曾無一端立於可戰之地，以善可和之局。稍有人理，能無痛心」。

甲午戰敗，對張謇而言，可謂百感交集，痛定思痛。張謇後來論及：「中國之大患，不在外侮之紛乘，而在自強之無實。」終於決然走上實業救國、教育救國的自強之路。

回顧甲午敗績深層原因，其實為二。一為腐敗之專制政體，二為落後之國民素養。甲午敗績，是中國近代政治的轉折點，也是大清帝國最後走向覆亡的導火線。

一八九五年冬，張謇受兩江總督張之洞委派，在通州、海門一帶集資興辦紗廠，開始艱難創業。張謇認定「中國須振興實業，其責任須在士大夫」。這一年，他由梁鼎芬介紹，列名上海強學會，對康、梁政治見解表示贊成。並受翁同龢委託草擬《京師大學堂辦法》。一八九六年初，張之洞奏派張謇、陸潤庠、丁立瀛分別在通州、蘇州、鎮江設立商務局，張謇與陸潤庠分別在南通和蘇州創辦了大生紗廠與蘇綸紗廠。

一八九八年春，張謇因事去京，以其多年政治歷練，對

康、梁曉以欲速不達之理，指出不要操之過急。為避免更深地捲入政治，他婉辭京師大學堂教習的奏派，匆匆離京，抵返南通操持大生紗廠。一八九九年，中國首家民營紗廠大生創辦投產。

從此，張謇對大生紗廠傾注了極大精力和心血，辦廠過程中也關注民生疾苦。他認為貧窮的根源是愚昧，希望透過壯大實業，辦學治愚。南通地區外來人口集散，張謇要利用實業的辦法吸納社會閒散人員，解決他們的衣食生存，同時也有效緩解了當地土地閒置的問題。他認為要達到國富民強，農業是基礎，工業是根本。工業中至剛至黑的是鋼鐵，至柔至白的是紡織。張之洞發展了鋼鐵業，張謇要從發展紡織業入手。

一九〇一年、一九〇四年，李鴻章、翁同龢兩位提攜過張謇的大人物先後辭世。他們都期望張謇能夠在臨「三千年未有之大變局」的中國大地上，實現富民強國的宏偉藍圖。

透過張謇的努力經營，大生紗廠先後發展為四個廠。從一八九九年至一九一三年，大生紗廠共獲淨利約五百四十萬兩白銀，發展成為擁有資本二百萬兩和六萬七千紗錠的大廠。張謇以紗廠為核心，輻射開來建立了通海墾牧公司生產原棉，建立了大達內河輪船公司、大生輪船公司、上海大達輪步公司來做航運，建立了鋼鐵廠、染織公司、鹽業公司、麵粉廠、釀酒廠、印刷廠等實業工廠。教育上，從基礎教育到高等教育，從

家庭教育到慈善教育，他把教育做到門類齊全。發展實業、創辦學校、培育人才、發展公益、造福地方，他的「實業救國」之路雖不能挽救舊中國的危亡，但卻有利於當時社會經濟和文化的發展。

重呼君主立憲

世紀末，遭遇八國聯軍重創後的大清帝國政府，它的命運真可謂岌岌可危，一種從未有過的恐慌也成為當時國人心頭最真切的感受。他們也似乎能隱約理解帝國政府答應議和條件的苦楚，只是那種不可名狀的亡國感、危機感是如此強烈。整個社會，先是受到甲午戰爭的影響，接著是戊戌新政的敗亡，再到庚子之變帶來的大混亂，許多人面對社會的跌宕完全沒有清晰的想法。

李鴻章已經聲名倒地，關於甲午戰敗責任的爭論仍在繼續。只是這一切遠遠不能解決大清帝國所要面對的社會民眾的責難。帝國政府內部的勢力均衡受到了破壞，行政效率更為下降。[15]

一九〇一年一月十九日，流亡中的帝國政府發布變法詔書，稱「世有萬祀不易之常經，無一成不變之治法」。山東巡撫袁世凱四月十五日上改革建議的奏疏。其後，張之洞、劉坤一

15　馬勇：《大變革時代：1895—1915 年的中國》，經濟科學出版社，2012 年 12 月版，108—110 頁。

聯名上「江楚會奏變法三折」。

在一大批漢族官員袁世凱、劉坤一以及盛宣懷等人的堅持下，大清帝國再次走上學習西方的政治軌道，開啟了新一輪政治變革。[16]

一八五一年的太平天國起義極大地震撼了晚清政府，給予帝國的主要軍事力量八旗綠營毀滅性的打擊，使大清帝國政府意識到不改變現有國家的政治、軍事體制就無法生存，於是不得不分出一部分權力授予地方督撫。其後，漢族地方官僚集團的崛起既平滅了太平天國，客觀上也成就了洋務運動。[17]

此次大清帝國政府重啟新政，無異於重新認同了光緒帝、康有為等人的危機意識和維新意識。此一時彼一時，被迫認可與主動認可之間無論在意識上還是在效果上都是天壤的差別。[18]

慈禧的「新政」基本上是洋務派「中體西用」和維新派倡導君主立憲方案的二合一，只是在深度和廣度上與之前的兩次改革很不同，試圖透過實施經濟和政治的雙重改革藉以緩和各種矛盾，透過在一定程度上效法西方議會政治，推行君主立憲，拯救大清帝國的世系統治。

16 馬勇：《大變革時代：1895—1915 年的中國》，經濟科學出版社，2012 年 12 月版，41—42 頁。

17 馬平安：《晚清變局下的中央與地方關係》，新世界出版社，2014 年 1 月版，52—53 頁。

18 馬勇：《大變革時代：1895—1915 年的中國》，經濟科學出版社，2012 年 12 月版，166—168 頁。

第一章　維新與革命之爭

清末的新政在一定程度上是成功的，開啟了官制改革、司法改革，成立了郵傳部，出現了警察體系和城市管理的雛形，廢除了科舉。特別是隨著政治變革不斷推進，帝國政府的職能權限在收縮，自治的民間組織逐漸主導了社會風向。新政帶來的這些新氣象都在有序中進行著。這次變法超過了戊戌維新的深度和廣度，國家整體上比較平穩，包括知識分子對科舉的廢除並沒有大的不安和震動發生。

此後，民營工業進一步崛起。紗廠、繅絲廠、麵粉廠在數量的增加上非常明顯，周學熙創辦的唐山啟新洋灰公司、張謇的大生集團、榮氏兄弟的紗廠都成為當時傑出的企業。

此外，大清帝國也開始創辦國有銀行，創辦了大清銀行、交通銀行、浙江興業銀行等近代銀行。一九〇五至一九〇八年間，民營工業增加了兩倍有餘，帝國的財政狀況也大為好轉。

政治革新雖然沒有超出戊戌維新的社會政治藍圖，但它由「師夷」大跨步地走向「變法」，比洋務運動在深度和廣度上走得更遠。政治體制上沒有大的轉變，改革中出現了一些新的機構設置，如資政院、諮議局。它們的出現帶動了中國近代政治體制改革。儘管這種改革有換湯不換藥的嫌疑，表面形式大於實際功用，卻觸動了傳統中最保守的東西，相對於舊的專制主義政治體制而言，無疑是一種歷史的大進步。

五大臣出洋考察

一九〇四年日俄戰爭，立憲的日本勝出，這恰恰給了當時中國朝野走向立憲改革一次巨大的刺激。談到日俄戰爭的起因，與甲午中日戰爭有關，也與八國聯軍侵華戰爭有關。《馬關條約》把遼東半島這塊肥肉餵給了日本，俄國聯合法、德卻生生地將其掏了出來，日對俄早蓄報復之心。義和團運動期間，俄國乘機進占東三省，大有蠢蠢欲動圖謀朝鮮之勢，日方為此開始積極備戰。一九〇四年二月，日俄雙方關於中國東北和朝鮮的談判破裂後，戰爭就開始了。戰爭本身在李鴻章的意料之中，關鍵是戰爭的後果足夠讓中國人興奮，那就是日本經歷明治維新只有短短十數年，就以民權自由不充分的狀態打敗中國和俄國，讓中國人更相信立憲的效力，對立憲自由充滿了新信仰。

社會上的報章雜誌熱烈鼓噪，社會名士張謇遞書袁世凱聲言「一專制當眾立憲尚可幸乎」的時代，應該仿學伊藤支持立憲。駐法公使孫寶琦奏請帝國政府立憲，南方社會名士也開始唱和立憲。袁世凱、張之洞等封疆大吏聯名電奏要求立憲。大清帝國最終下定決心派要員出洋「考求一切政治」。

《泰晤士報》（*The Times*）評論：「人民正奔走呼號要求改革，而改革是一定會到來的……」德國的著名漢學家福蘭閣（Franke）在《科隆日報》上寫道：「他們此次出洋是為了學習

第一章　維新與革命之爭

日本、美國和重要的歐洲國家的憲法、政治制度和經濟體系，特別是有著極大的可能，將西方的憲法、政治制度和經濟體系結合中國的情況移植到中國去。」

不過革命黨人對帝國政府此次派人考察西洋憲政一事抱懷疑態度，這與他們本身與政府政見不相同有直接關係，他們是反對出洋的。所以，五大臣尚未離京就遭遇了革命黨人吳樾的炸彈。

一九〇五年，革命雜誌《醒獅》第一期宋教仁的文章〈清太后之憲政談〉一文中說：清政府主要是因為不了解立憲才沒有馬上拒絕。

原定五大臣一九〇五年九月從北京乘火車出發，當時的安排中還有新任軍機大臣徐世昌和商部左丞紹英。不料革命黨人吳樾的炸彈襲擊，炸傷了五大臣中的三個。

一九〇五年，西方列強中最後一個專制政權 —— 俄國也著手進行政治改革。這一切加快了光緒和慈禧的改革動作。當時徐世昌已被任命為巡警部尚書，紹英傷重，兩人的位置由李盛鐸和尚其亨補位。十二月七日，重組的五大臣出洋考察團從正陽門乘火車出發往上海換乘海輪。

十二月十九日，清帝國欽差大臣戴鴻慈和端方率領的政府出洋考察團，登上了停靠在上海吳淞口的美國太平洋郵船公司的巨型郵輪「西伯利亞」號駛向日本。

一九〇六年一月十四日，由載澤、尚其亨、李盛鐸率領的

另一路中國政府出洋考察團乘坐法國輪船公司的「克利刀連」號也駛往了日本。

五大臣中載澤的身分是皇室宗親，康熙的第六代重孫，被封為鎮國公，出洋時尚未滿三十歲。戶部右侍郎戴鴻慈，已經五十二歲。湖南巡撫端方，政聲顯著的地方大員。另兩位，李盛鐸時任駐比利時大使，尚其亨是山東布政使。

載澤團的路線是：中國上海—日本—美國（舊金山）—美國（紐約）—英國—法國—回英國—比利時—回法國—經蘇伊士運河、吉布地、可倫坡、新加坡、西貢、中國香港—中國上海。

戴鴻慈、端方團的路線是：中國上海—日本—美國—英國—法國—德國—丹麥—瑞典—挪威—回德國—奧地利—匈牙利—俄國—荷蘭—瑞士—義大利—經埃及賽得港、亞丁、錫蘭（斯里蘭卡）、新加坡、中國香港 —— 中國上海。

戴鴻慈在《出使九國日記》中的總結，「以八月之內，歷十五國之地，行十二萬里之程」。

到了美國，中國考察團所到之處，美國民眾無不傾城相告，空巷來觀。中國代表團被人圍觀，在美國在歐洲都是這樣。在瑞典，考察團經過的路上，市民們歡迎、唱歌、送花、揮帽致禮；在德國，當考察團遊覽德勒斯登（Dresden）的易北河（Elbtal）時，無數遊人都停下來揮手致意。

第一章　維新與革命之爭

　　這十五個國家中，丹麥、挪威、瑞典、荷蘭、瑞士五國，都是聽說後臨時邀請考察團來訪的。中國考察團在所到國家得到了最高規格接待。在日本，天皇接見；在美國，總統羅斯福安排款待；在英國，去白金漢宮覲見英國國王；在法國，總統設宴招待……

　　對於各國的接待，載澤有一個總結：「日廷款接尚殷，法商歡迎殊盛，英為少簡，比（比利時）為最優。」

　　日本人確實接待得最為認真。除了天皇接見，日本的前首相、明治維新的元老伊藤博文還前來拜會了中國考察團。載澤與伊藤博文他們之前有過一場長談。他們談到了立憲原則、人民的言論自由、立憲國君主與政府的權力等。這場談話，伊藤博文全部用英語作答，由中國考察團中的隨員柏銳口譯。

　　在英國，英國人對中國訪問團的接待也相當細心。中國駐英大臣汪大燮專門聘請英國政法學教員為考察團講解英國憲法。講述內容涉及三權分立與君主權限、上議院與下議院、政府組織、選舉制度，並邊講邊安排參觀訪問。載澤在他的日記中曾做過詳細記錄。

　　回國後，戴鴻慈曾有過這樣一番議論：美國是民主之國，但美國的民主選舉，也伴隨著弊端。而說到自由，大家都說自由就是不受壓制為所欲為，而他看來，歐美的人民，相待以信、相接以禮，守法律、顧公德，每時每刻都是有約束的。這才是

自由的真相 —— 應該說，戴鴻慈對西方政治制度的觀察，已經相當深入了。

眼下對於載澤、戴鴻慈等出洋五大臣來說，最要緊的事是說服帝國政府，盡快實行立憲。回到北京以後，他們接連上摺，又親見慈禧和光緒，面陳變革之必要。綜合比較，歸國後載澤團的上奏傾向於強調模仿日本政治體制，側重於憲政的實踐；端方團的上奏更側重於憲政理論的闡釋。

兩路考察團對實行君主立憲之後的君主權限進行了考察，大抵認識到「君位尊嚴無對」，還是極力贊成君憲改革。在對美國、法國、義大利、英國的議會制度分別進行考察後，大致對議會的結構布局、議員選舉、議會職能三個方面進行了考察。特別是端方回國後在兩江總督任上主持參與了江蘇諮議局的設立。此外考察團對中央與地方政府機制、司法制度、軍事、教育、科學、文化、經濟、社會生活多方面進行了考察，開啟了大清帝國憲政改革的起點。

一九〇六年九月，大清帝國正式宣布預備立憲。但是革命風暴已經山雨欲來，沒有從容改革的時間了。

第一章　維新與革命之爭

遲來的立憲之路

　　一八九八年維新運動失敗後，康、梁出走日本流落異地，立憲運動進入低潮。在一九〇四年之前，立憲運動只限於海外勢單力薄的立憲派的輿論宣傳，由於聲勢小，在中國影響有限。從一九〇五年起，立憲運動驟然高漲，一個直接的原因就是，日俄戰爭中日本勝利，立憲派藉此大做文章，聲稱日俄戰爭「非軍隊之競爭，乃政治之競爭。卒之日勝而俄敗，專制立憲，得失皎然」，「此非日俄之戰，而立憲、專制二政體之戰也」。

　　對於災難深重的近代中國民眾來說，「立憲」的吸引力不在於對君權的限制，而是在於「救亡」的出路。更多的人相信立憲可以富國強兵、救亡圖存，社會輿論和觀念有了更多變化，所以立憲運動開始發展成為全國性的政治運動。

　　早在一九〇五年一月，大臣楊樞奏請頒布「變法大綱」，認為「似宜仿效日本」定國家為立憲政體。六月以後，直隸總督袁世凱、兩江總督周馥、湖廣總督張之洞、兩廣總督岑春煊等先後上奏要求立憲，甚至提出以十二年為期。清帝國五位總督主張立憲，主張立憲的巡撫和駐外使節更多，軍機大臣瞿鴻機和奕劻也極力支持立憲。大清帝國政府七月十六日發布諭旨，同意派員分赴東西洋各國考求一切政治。

　　中央的政治改革原先就受到專制政體的影響，採用碎步前進的方式行進。但在地方上，經過幾年醞釀，積極投入立憲的

步調中並掀起聲勢。一九〇六年九月，大清帝國宣布「仿行立憲」，各地反響熱烈。大江南北，一時之間，各種憲政團體應運而生。一九〇七年十月，清帝國下令各省督撫可以根據省情自行設立諮議局，選拔公正賢達人士參與其中。這樣做的目的有兩個：一是為地方官紳參酌地方事務提供機會，籌劃治安、討論各省事務，為地方決策減少失誤；二是為將來中央資政院的成立準備人才，也為各省選拔議員進入中央決策層提供機會。[19]

「士紳、市民和學生，還是相當興奮，他們紛紛上街提燈慶祝，人們徹夜狂歡，高呼皇帝萬歲，立憲萬歲。」[20] 二十二個行省除新疆外產生了二十一個諮議局，一種類似準議會性質的地方機構就這樣產生了，儘管諮議局處理省級事務需提請督撫認可才能執行。

這些地方上德高望重的大人物，按地方人口比例被推舉出來，並非真正民選產生。選民們的資格門檻高極了，二十五歲以上男子須達到下列條件之一：一是曾在本省地方較有效地辦理學務及其他公益事業三年以上；二是秀才以上出身，獲得過中學或以上學歷；三是曾任文七品、武五品以上實缺職官；四是在本地擁有五千元以上不動產和營業資本，在外省寄籍擁有一萬元以上不動產和營業資本。選民層層互選最後產生候選

19　馬勇：《大變革時代：1895—1915 年的中國》，經濟科學出版社，2012 年 12 月版，58—59 頁。

20　張鳴：《辛亥：搖晃的中國》，廣西師範大學出版社，2011 年 1 月版，277 頁。

人，要求年滿三十歲，識文斷字，還有諸多道德條件限制。

作為準國家代議機構的中央資政院，其議員的一半由省諮議局向上推舉，另一半由皇帝欽定，共兩百人。與地方諮議局類似，可以制定除憲法之外的法律，決議國家財政預算，討論稅法公債等事務，最終的分歧交由皇帝裁決。雖然美國雜誌《展望》（Look）極力稱讚資政院為「最直言不諱地主張改革的機關」，但在革命黨那裡，看它無非是塗脂抹粉的工具而已。

籌備立憲運動，很重要的內容就是如何劃分中央與地方權限。「中央與地方分權新模式一定能夠重新確立，中央集權危機也勢必能得到有效控制與克服。」[21] 不論後來的中國政治發展向何處走，載澤等人提出的改革思路是基本可行的，在某種程度上是當時中國大可一試的政治性選擇。上諭說：「時處今日，唯有詳細甄核，仿行憲政，大權統於朝廷，庶眾公諸輿論，以立國家萬年有道之基。但目前規制未備，民智未開，若操且從事，徒飾空文，何以對國民而昭大信？故廓清積弊，明定責成，必從官制入手。亟應先將官制分別議定，次第更張，並將各項法律，詳慎釐訂。」[22] 如果照此發展，將官制改革進行下去，將中央與地方的權限重加規範，有助於進一步解決中央集權嚴重危機。不過，作為「家天下」政府的清帝國勢必在根本

21　馬勇：《中國歷史的側面》，光明日報出版社，2014 年 1 月版，185 頁。

22　朱壽朋：《光緒朝東華錄》，中華書局，2016 年 1 月版，5564 頁。

性問題上，不大肯積極做出實質性讓步。

實質上說諮議局和資政院畢竟不是議會，不能真正制定憲法，不能由議會多數黨組閣，但士紳集團第一次發出自己的聲音，試圖去改變中國政治傳統的模式和走向。[23]

中央資政院的設計，欽選議員占多數出於大清帝國政府一種無害化的考慮。只是，身為文化菁英的地方士紳們對於讀書人的人格，還是在意的。他們不會只願意成為無原則的工具被使用，關鍵時候還會投出棄權票。所以，欽選議員並不一定在所有場合總占優勢。

一九〇六年秋，兩路考察團回國後向帝國政府匯報建言，強調君主立憲政體利於君利於民，只是不利於官，是最好的制度，有利於皇位永固、有利於外患漸輕、有利於消弭內亂。

再分析東西洋主要立憲國家的政治，認為美國是以工商立國民權發展程度高的國家，英國設官分職複雜也不適合中國。與中國國情相似容易學習的只有日本。日本以立憲之精神實行中央集權主義，政治決策上最與中國接近。這些都是促使大清帝國仿行立憲的原因，只是對慈禧太后來說，九年後怎麼樣，自有後輩去折騰了，眼下不影響自己行使權力看戲行樂就行了。

大清帝國的立憲運動對知識菁英們影響最強烈。梁漱溟說，立憲人士在當時堅信康有為、梁啟超等人為中國選擇的君

---

23 張鳴：《辛亥：搖晃的中國》，廣西師範大學出版社，2011 年 1 月版，280 頁。

第一章　維新與革命之爭

主立憲之路。一九○七年梁啟超和蔣智由、陳景仁在日本東京成立了政聞社。政聞社在海外主要從事保皇活動，在中國主要是參與國會請願運動。十一月間，黃可權、張嘉森（張君勱）曾到上海創建國會期成會。次年七月，在各省請願高潮中，陳景仁電奏大清帝國要求三年召集國會，觸怒了慈禧太后等頑固派，不僅陳景仁被革職，八月十三日政聞社也被查禁。

談到請開國會運動，楊度最早在一九○六年寫的《中國新報敘》裡就提出了這個問題。一九○七年春，楊度寫給梁啟超的信提到要將民眾的關注點放到請開國會上。一九○七年秋，憲政講習會會長熊範輿和沈鈞儒等人領銜上了第一份要求速開國會的請願書給大清帝國，把立憲派關於開國會的理由和國會的職能都明確提了出來，提出要防止革命「禍亂」，必須開設國會，真正實行立憲，在中國存亡之秋，要緩解內憂外患，要一兩年內就開設國會。從一九○七年冬到一九○八年夏，先後有黑龍江巡撫程德全、兩江總督端方、河南巡撫林紹年等人上奏請速開國會。駐外使臣孫寶琦、胡惟德、李家駒等人也電奏請開國會。一時之間，全國上下，請開國會成為一種時髦的社會議論。北京旗人中也有一千五百人簽名上書請開國會。鄭孝胥、張謇等人在運動進入高潮時領銜發表請願電。

一九○八年，中國政治改革的九年立憲清單終於發布，只是當《欽定憲法大綱》發布之後，原來的領導者班底光緒帝、

慈禧太后相繼死亡，領導權讓給一個比較弱勢的組合 —— 年輕
的攝政王與光緒帝的遺孀隆裕太后。弱勢的新班底漸漸脫離了
既定軌道，政治改革漸漸陷入困境。面對歷史潮流，年輕的攝
政王載灃和隆裕太后採取能拖則拖的行事做法，堅守九年立憲
之期。在一個救亡的時代，愛國者要救的是國家民族的衰亡，
大清帝國要救的只是政權和皇權的衰亡。當改革危及專制皇權
的利益時，當權者只能也必須由改革者淪為頑固派。[24] 清政府開
始要改革時態度很消極，但隨著時間的流逝，特別是在日俄戰
爭之後，它對改革的活動就越來越認真了。換言之，改革是為
了保住清王朝。（費正清）

　　一九〇九年的選舉動員了幾乎兩百萬非官員菁英。「牆倒眾
人推！」眾人推的方向是完全一致的，方法也完全相同，只是
你推你的、我推我的罷了 —— 這便是清朝末年，中國革命運動
的形勢和性質。（唐德剛）

　　一九〇九年九月四日，中日達成《圖們江中韓界務條款》，
又稱《間島協約》。日本承認延邊地區為中國領土，試圖換取在
東三省修築鐵路開採礦山的正當權利。大清帝國政府也想利用
條約解決東三省主權及開發問題，以減少中日紛爭。

　　在立憲黨人看來，這個協約會帶來日本殖民勢力在東北的
擴張，而且嚴重侵犯了中國主權。中日外交危機引發中國局勢

24　易中天：《帝國的終結》，復旦大學出版社，2007 年 11 月版，266—267 頁。

動盪，也加劇了立憲黨人救亡的強烈意識，國會請願運動變得風起雲湧，要求帝國政府改變九年預備立憲日程的呼聲越來越強烈。

根據九年立憲日程，資政院將於一九一〇年十月三日正式開院。作為準議會性質的機構，資政院的議員包括皇帝欽選的宗室王公十六人，滿漢公卿大臣十二人，外藩王公十四人，遠支宗室六人，各部院大臣三十二人，大牌儒學大師及納稅多的人士各十人，總計一百人；民選議員一百人，由各省諮議局推選。資政院完全有議政的職能，負責議定政府財政收支，制定相關法規，彈劾瀆職大臣，在本質上只是皇帝的御用機構。

根據梁啟超的看法：從君主專制向君主立憲過渡是中國唯一的出路，中國不會馬上就過渡到這一政治形態，但必須為此一形態準備條件。[25] 立憲人士們認識到中國必須建立一個能夠讓中國各階層代表表達意見的立憲政府，以密切統治者和被統治者之間的關係。

晚清十年憲政實驗曾經為善良的中國人帶來一絲希望。袁世凱透過梁士詒、唐紹儀等人向帝國政府建言加快立憲進程，以政治改革方式去化解南方危機。[26]

25　馬勇：《大變革時代：1895—1915 年的中國》，經濟科學出版社，2012 年 12 月版，49 頁。

26　馬勇：《大變革時代：1895—1915 年的中國》，經濟科學出版社，2012 年 12 月版，70 頁。

糟糕的「皇族內閣」

一九〇八年，大清帝國正式頒布《欽定憲法大綱》，各省設立諮議局，中央成立資政院，產生了中國近代史上第一個憲法性文件《欽定憲法大綱》。

一九一〇年，經張謇發起，十六省諮議局代表齊集北京，掀起速開國會運動，發動了三次大規模的請願運動，先後簽名請願的人數達十萬之多。江蘇諮議局議長張謇與江蘇巡撫瑞澂商議：由張謇出面聯絡各省諮議局，由瑞澂出面聯絡各省督撫，呼籲帝國政府速開國會。

先前大清帝國最終同意預備立憲，最終目的還是建立一個更迎合時政的體制。如今的北京，國會請願運動在轟轟烈烈進行。此次來京的十六省代表共五十多名，組成了請願代表團，公推孫洪伊為領銜代表。十月二十日，東三省總督錫良報告了日俄兩國在東三省的動態，建議帝國政府保衛東三省利益。二十五日，錫良與湖廣總督瑞澂、兩廣總督袁樹勛、雲貴總督李經羲、伊犁將軍廣福、江蘇巡撫程德全、安徽巡撫朱家寶、山東巡撫孫寶琦、山西巡撫丁寶銓、河南巡撫寶棻等聯名致電帝國政府，要求立即成立內閣，定次年召開國會。各地封疆大吏和朝廷重臣們的舉動無疑是對國會請願運動的有力支持，也使攝政王倍感壓力。載灃在當天接見請願代表孫洪伊時表示，當下並不具備召集正式國會的條件，依然相信立憲需要預備和

第一章　維新與革命之爭

各方面有序化的參與，假如資政院就此做出準備改變既定日程的新決定，那麼他個人會尊重資政院，尊重人民。

二十六日，資政院做出新決定，奏請帝國政府速開國會。攝政王在二十八日宣布將此問題提交給政務處王大臣會議討論。十一月三日，攝政王如約主持政務處王大臣會議，詳盡討論國會請願代表團、各省諮議局聯合會、督撫大員所提出的速開建議，達成適度加快立憲步伐、縮短預備立憲時間、儘早召集正式國會的共識。次日帝國政府將立憲九年預備期縮短為五年，這樣正式國會的召集將前移至一九一三年。

這樣的決議其實已經考慮到了中國的政治實際，根據調整後的日程，大清帝國於十一月十二日向民政部、度支部、法部、學部等衙門下達指示，要求這些衙門按照調整後的規畫安排各自事宜。浙江、江蘇等地的請願代表對朝廷的答覆沒有異議，勸說請願代表盡快離開北京。不過也有不少人認為既然已經縮短時間，不如乾脆一步到位。

其實早在甲午戰爭前，一些聰明的政治家就認識到西方富強的根本在其政治架構和權力的分享與制衡。只是對於君主主導或領導下的權力分享，大清帝國真的沒有做好心理準備。呼籲速開國會的民眾誰也沒有細想過，權力集中有時候正是帝國政府效率上的一種保證。

當第三次國會請願運動發生時，立憲黨人強烈要求攝政王

當機立斷，速開國會。對於地方督撫和各地立憲黨人的呼籲，大清帝國於十一月四日宣布，將九年預備立憲期限縮短為五年，可以先期成立責任內閣。

十一月九日，山東巡撫孫寶琦呈請，呼籲朝廷速開國會。十二月九日，東三省總督錫良代言奉省紳民呼籲，強調即開國會設內閣是大局扭轉的關鍵，是防止東三省版圖完整的唯一辦法。各地紳民乃至學生速開國會設內閣的呼聲高漲異常，各式各樣的請願運動也是風起雲湧。

一九一一年五月，大清帝國成立「責任內閣」，內閣總理大臣奕劻（皇族）、民政大臣善耆（皇族）、鎮國公度支大臣載澤（皇族）、海軍大臣載洵（皇族）、農工商大臣溥倫（皇族）、內閣協理大臣那桐（滿）、內閣協理大臣徐世昌（漢）、外務大臣梁敦彥（漢）、學務大臣唐景崇（漢）、陸軍大臣廕昌（滿），成員多為皇室貴族。十大部院加上總理大臣、協理大臣共計十三人，竟然有皇族出身的五人、宗室一人、滿洲貴族二人，留給漢人的名額只有四人。被稱為「皇族內閣」。

諮議局聯合會很快向都察院遞交了一份抗議書，明白表示皇族內閣與君主立憲政體有不能相容的性質，要求朝廷迅速改正，盡快於皇族之外選派大臣重組責任內閣。

對於各界要求，朝廷這一次似乎不準備讓步了，先是嚴肅訓斥孫寶琦的建議太過荒唐，緊接著發布一個上諭，重新解釋

第一章　維新與革命之爭

《欽定憲法大綱》，以為即便實行了君主立憲，黜陟百司的權力仍然歸屬於君主，議員不得干預，以為這才是君主立憲的本旨。

皇族內閣出現把所有人都欺騙了。當年立憲派在資政院彈劾軍機處的時候，曾經希望成立由資政院選舉的責任內閣。清末的內閣卻是政府包辦，十三個閣員中九個旗人，又有七個是皇族。狀元企業家張謇親自來北京，希望透過慶親王奕劻勸說攝政王載灃重新改過，但被強硬拒絕了。張謇這個原本激烈反對革命的人，似乎對這個政府失去了最後的信心。

皇族內閣的發表激起了立憲黨人的群體反對，他們警告攝政王當此國家危難之際，重用漢大臣對於帝國來說比固守皇權更有意義。此時的帝國政府已經積重難返，朝廷的強硬態度使立憲黨人失望非常，使他們突然覺得還是孫中山等革命黨人說得對，在涉及政治權力根本的時候，清帝國終於露出了不願分享權力的真面目，一直在進行假立憲。這也是此後在長達五個月的時間裡，皇族內閣無法廢除的原因。出於強烈不滿，一部分立憲派人士從幻想帝國重塑政治的行列中分離出來，從此轉向了革命陣營。

孫中山的出場

　　孫中山（西元一八六六至一九二五年），名文，字載之，號逸仙，化名中山樵，常以中山為名。出生於廣東省香山縣（今中山市）翠亨村的農民家庭。青少年時代就嚮往太平天國的革命事業。孫中山是中國近代民主主義革命的開拓者和中國民主革命的偉大先行者。身為中華民國和中國國民黨的締造者，孫中山倡導三民主義，創立《五權憲法》。他首舉徹底反封建的旗幟，「起共和而終兩千年帝制」。

　　一八九五年，面對甲午戰敗的事實，多少中國人無法接受蕞爾小國戰勝堂堂中華帝國的事實。

　　孫中山經歷的教育以西式為主，且時間較長。他小的時候讀過村塾，限於家庭環境的貧弱，並沒有打算透過科舉謀求仕途上的發展。在〈致鄭藻如書〉中孫中山這樣說道：「某今年二十有四矣，生而貧，既不能學八股以博科名，又無力納粟以登仕版。」

　　翠亨位於珠三角地區，是一個非常貧窮的農村，全村七十戶人家中，孫姓只占六七戶。孫中山祖父孫敬賢和父親孫達成都是沒有土地的佃耕農，生活貧困並深受鄉里欺凌。一八七一年，夏威夷政府招募華工，哥哥孫眉隨同村地主程名桂去了美國檀香山農牧場當工人，逐步積攢財富並支撐家裡生活。

　　一八七八年，在哥哥孫眉的幫助下，年僅十一歲的孫文遠

第一章　維新與革命之爭

渡重洋來到夏威夷群島，先後在檀香山和香港求學。海外生活不僅使孫中山大開眼界，而且對西式文明產生了極大好感。檀香山四年多的生活，孫中山一步一步地接受了西式的科學文化和資產階級人文科學。孫中山目睹了夏威夷當地的社會狀況，看到普通民眾為贏取民族獨立而開展反對美國兼併的鬥爭，在他的頭腦中逐漸萌生了民族主義和民生主義的思想。

一八八六年，孫中山從中央書院畢業後，進入廣州博濟附設的南華醫學堂改學醫學，「由醫人而醫國，藉醫術為入世之媒」。一八八七年，孫中山轉學香港西醫書院。在西醫書院唸書的五年，孫中山幾乎把所有的課餘時間都用在了宣傳革命和策劃革命上。

一八九〇年，懷著愛國熱情的孫中山寫了一封信給香山籍退職官員鄭藻如，主張效法西方進行改良，倡農桑、禁鴉片、設學校，這是他最早的革新想法。

一八九二年，孫中山從西醫書院畢業後，先是在澳門鏡湖醫院行醫治病，之後在廣東香山開設了東西藥局。真正推動孫中山產生革命思想的是當時最嚴重的民族危機。不過，談論革命和從事革命之間還是有很大距離的。在孫中山周圍給予他較大影響的人，基本上改良主義者占多數。何啟是孫中山求過學的西醫書院的創始人。鄭觀應身為孫的同鄉，孫中山求學期間曾與他探討過時政問題。

一八九四年夏，孫中山為了實現他「富強之國」的目標，專程赴天津上書李鴻章，並在〈上李鴻章書〉中提出了自己的改革綱領：「人能盡其才，地能盡其利，物能盡其用，貨能暢其流。」認為此四者，富強之大經，治國之大本也。四者既得，中國「必能駕歐洲而上之」。孫中山提出了實現國家工業化、農業機械化、發展民間工商業、改革教育制度等進步主張。

當時孫中山為什麼投書給李鴻章，據很多學者推測，極有可能是因為李鴻章是當時帝國朝廷中最大的漢族官吏，也是比較識時務的帝國政府大員。

「一八九四年，時任直隸總督、權傾一時的帝國高官李鴻章拒絕接見孫逸仙，這可說是他生平最受辱的冷落」。[27] 由於上書的熱情遭到冷遇，懷抱「改良祖國」宏願卻無法找到途徑的孫中山，憂憤不已，遂遠赴美國檀香山，在當地華僑中宣傳革命並成立了興中會。

一八九四年六月一日，曾任香山海防同知的魏恆，寫信給盛宣懷的弟弟盛宙懷推薦孫中山；盛宙懷六月十三日寫信給哥哥盛宣懷向他引薦孫中山；與此同時，孫找到在上海的同鄉鄭觀應，託鄭致信給盛宣懷。鄭在信中大力推薦孫中山：

「敝邑有孫逸仙者，少年英俊，曩在香港考取英國醫士，留心西學。有志農桑生植之要術，欲遊歷法國講求養蠶之法，及

27　馬長虹：《民國國父孫逸仙》，九州出版社，2012 年 7 月版，24 頁。

55

第一章 維新與革命之爭

游西北省履勘荒曠之區，招人開墾，免致華工受困於外洋。其志不可謂不高；其說亦頗切近，而非若狂士之大言欺世者比。茲欲北遊津門，上書傅相，一白其胸中之素蘊……孫逸仙醫士擬自備資斧，先遊泰西各國，學習農務，藝成而後返中國，與朋友集資設書院教人；並擬遊歷新疆、瓊州、臺灣，招人開墾，囑弟懇我公代求傅相，轉請總署給予遊歷泰西各國護照一紙，俾到外國向該國外部發給遊學執照。以利遄行。」[28] 盛宣懷在盛宙懷推薦信上批注的日期為農曆五月廿三日（六月二十六日），孫中山應在該日或早一兩天已抵達天津。

在此前後，節制中國主力海陸軍、負責對朝鮮日本交涉的北洋大臣李鴻章在忙什麼？參閱郭廷以的《近代中國史事日誌》：

> 六月四日，李鴻章派太原鎮總兵聶士成率兵九百名由大沽往牙山，援朝鮮。
> 六月六日，李鴻章電出使日本大臣汪鳳藻以中國保護屬邦，出兵朝鮮事照會日外務部門。
> 六月七日，陸奧宗光照覆汪鳳藻，否認朝鮮為中國屬邦，並聲稱派兵赴韓護商。
> 六月十日，日使大鳥率兵四百餘人到朝鮮京城。李鴻章電袁世凱，日本出兵，各國當有公論，我宜處以鎮靜。
> 六月十二日，日使大鳥訪袁世凱，商中日共同撤兵。日軍

28　沈渭濱：〈一八九四年孫中山謁見李鴻章一事的新資料〉，《辛亥革命史叢刊》第一輯，《學術月刊》，1982 年第 8 期。

八百名抵仁川。

六月十三日，袁世凱電李鴻章，已與大鳥商妥撤兵。陸奧電大鳥，令日軍即入漢城，暫不撤返。

六月十四日，日本閣議，決向中國提出共同改革朝鮮內政要求。

六月十七日，汪鳳藻電李鴻章，日本布置，若備大敵，我宜厚集兵力，隱伐其謀，後俟餘孽蕩平，再與商撤兵。

六月十八日，李鴻章電汪鳳藻，拒絕日本共改韓政及會剿要求。袁世凱連電李鴻章，大鳥食言，日軍續來，漢城鼎沸，請先調水師，續備陸師，並請各國公使調處。

六月十九日，汪鳳藻、袁世凱分別電請李鴻章增兵。

六月二十日，李鴻章商請俄使喀希尼（Cassini）調停韓事，中日撤兵。總署電李鴻章，韓驚擾已甚，宜令袁世凱鎮靜，各國調處有損中國體制。

六月二十一日，李鴻章電汪鳳藻，拒日會剿，允勸韓自行整頓內治。李鴻章電袁世凱，勸韓堅拒日要求，勿餒勿怖。

六月二十二日，陸奧覆汪鳳藻，謂中日所見相違，日本斷不能撤退駐朝鮮之兵（所謂第一次絕交書）。

六月二十三日，日本大本營令第五師團續向朝鮮開拔。

六月二十四日，袁世凱電李鴻章，大隊日兵續來漢城。

六月二十五日，詔命李鴻章及時措置，對俄國調停，當沉機審察，勿墮其術中。俄使喀希尼通知李鴻章，俄已勒令日本與中國商同撤兵，如日不遵，恐須用壓服之法。

六月二十六日，大鳥威迫韓廷，令中國撤兵，並承認改革內政。北洋海軍總兵林泰曾電李鴻章，仁川駁船，戰守均不

宜，擬以大部移駐牙山備戰守。

六月二十七日，日軍第二批達仁川。

六月二十八日，俄外相格爾斯（Giers）電東京俄使，正式調解韓事。

七月一日，以事機已迫，詔李鴻章籌備戰守事宜。

……

七月二十五日，中日戰爭爆發。

《李鴻章全集》收錄的這一時期李鴻章發出電報就達七封之多。李鴻章調處人手，與日本、朝鮮、俄國交涉。中日在朝鮮的衝突發展，關乎李中堂一生功名利祿，關係到大清帝國的生死存亡。已是焦頭爛額的李鴻章，哪有閒心接見素不相識的孫中山。

「自從十九世紀中葉中國被迫進入近代以來，中國的傳統社會便再也無法停滯在某一凝固狀態，而是不停頓地發生著一系列的裂變和改革。」[29]

興中會與第一次廣州起義

求見李鴻章被拒後，孫中山於一八九四年秋天前往檀香山。這時，中日甲午戰爭爆發已三月有餘，大清帝國的海陸軍連遭敗績，日軍已侵入中國東北。懷抱「救國大志」卻痛感報國無門的孫中山，憂憤交加遂在華僑中揭露大清王朝的腐朽，

29　馬勇：《大變革時代：1895—1915 年的中國》，經濟科學出版社，2012 年 12 月版，199 頁。

在華僑中倡議成立團體共謀救國大計。十一月二十四日，二十多個進步華僑，在檀香山成立興中會，透過了孫中山草擬的《興中會章程》（「驅除韃虜，恢復中華，創立合眾政府」）。

劉祥、何寬為首任正副主席。《章程》痛斥大清帝國昏庸誤國，招致嚴重的民族危機，申述該會以「振興中華」為宗旨。這時的興中會已不同於原有的反清的舊式會黨，已經成為一個資產階級民主革命政治團體。

一八九四年年底，孫中山離開檀香山返回中國，抵香港後，招集老朋友陳少白、陸皓東、鄭士良等會商，準備在香港、廣州兩地籌建興中會機構。一八九五年二月二十一日，孫中山等與香港輔仁文社的楊衢雲、謝纘泰達成聯合協議，成立興中會總會，設機關於香港中環士丹頓街十三號，用「乾亨行」名義做掩護。十月十日總會決定在廣州舉行起義。

廣州起事失敗後，孫中山偕陳少白、鄭士良東渡日本，創立興中會橫濱分會。不久，孫取道檀香山去美國。一八九六年，楊衢雲創立興中會南非分會。一八九七年，陳少白創立臺灣分會。一八九九年，陳少白又在香港籌辦《中國日報》，年底創刊。這份報紙成為最早宣傳反清革命的報紙。一九〇〇年一月，楊衢雲辭去了興中會會長一職。同年，興中會和三合會、哥老會代表在香港開會，共推孫中山為總會長，別名為「興漢會」。一九〇五年，中國同盟會在日本東京成立。此前，興中

第一章　維新與革命之爭

會已經號召發動了多次起義，均以失敗而告終。

戊戌維新失敗後，以康有為、梁啟超為首的改良派流亡海外。孫中山主動建議兩派合作救國，但康有為固執成見，拒而不納。只有梁啟超等少部分康門弟子出面周旋，表示願意合作。一八九九年冬，原屬改良派的唐才常、林圭從日本回國，孫中山、陳少白、梁啟超等同席為唐、林餞行，談論合作事，頗為融洽。孫並介紹在漢口的興中會會員容星橋協助唐才常舉事。梁則實際含有攘奪興中會實力的意圖。後因雙方分歧較大，合作之議沒有達成。一九〇〇年，義和團運動迅猛高漲。六月，孫中山、楊衢雲、鄭士良一行從橫濱乘輪南下，船抵香港，在一艘舢板上召開會議，決定由鄭士良率黃福等人赴惠州，發動會黨舉事；史堅如、鄧蔭南入廣州謀劃策應；楊衢雲、陳少白留港協濟餉械。當時，英香港總督卜力（Sir Henry Arthur Blake）陰謀支使兩廣總督李鴻章據華南「自主」，以利於英帝國主義參與分割中國，爭霸亞洲。卜力故授意何啟慫恿孫中山率興中會員眾協助李鴻章建立「獨立」政府。孫中山雖有所疑慮，但也認為不妨一試。李鴻章則虛與委蛇，還打算以商洽合作為釣餌，誘捕孫中山。七月下旬，李鴻章奉帝國政府電召北上，所謂的合作煙消雲散。

八月底，唐才常組編的自立軍被鎮壓。興中會聯絡的湘、鄂一帶會黨勢力因被捲入自立軍起事而全部散失。十月，鄭

士良起義於惠州三洲田，轉戰半月餘，因援絕械缺而敗散。十一月，史堅如在廣州準備刺殺兩廣總督德壽，事敗後被捕在廣州英勇就義。年底，楊衢雲被大清帝國政府所派刺客殺害。次年夏，鄭士良暴病去世。興中會領導骨幹損傷過半，海外各處機構也漸次渙散。因此，孫中山自惠州一役失敗後，即有另行成立大的革命聯盟的想法。此後，興中會新建立的組織還有一九〇二年的河內分會和一九〇四年的舊金山分會。一九〇五年八月同盟會成立後，興中會併入同盟會。同盟會成立前，興中會是中國資產階級民主革命運動最主要的領導者和召集者。

一八九五年二月，興中會香港總部成立後，即著手籌劃在廣州發動武裝起義。廣州分會機關設在雙門底王氏書舍，並相繼建立了祕密據點數十處，發展會員數百人加入。廣州分會發起成立公開團體農學會，以研討農桑新法為號召，藉以掩護團體活動，透過宣傳拉攏，得到了一些當地官紳的支持。農學會在防營、水師和廣州附近的會黨、游勇、綠林裡，進行策反及聯絡活動。

三月，孫中山到香港與楊衢雲、謝纘泰、黃詠商等商定起義方略，計劃襲取廣州。孫中山返回廣州負責具體籌備。由程奎光負責聯絡水師官兵，鄭士良聯絡廣州、花縣、英德、清遠等地會黨，李杞、侯艾泉聯絡香山、順德等縣綠林策應，革命動員遠及廣州一帶的游勇、防營和潮、惠等地會黨當中。孫中

第一章　維新與革命之爭

山在廣州東門外咸蝦欄張公館、雙門底聖教書樓後禮堂設立機關，儲藏文件、武器，接納往來成員；在珠江南岸洲頭咀籌建炸彈製造所，組成由陳清負責的炸彈隊，購置小火輪為運輸工具。楊衢雲亦在香港招募散勇、工人，黃詠商變賣蘇杭街洋樓一所以充軍費，余育之援助軍費上萬元，何啟起草英文宣言，朱淇起草中文〈討滿檄文〉，並多方謀求英、日、德在港人士的支持。孫中山偕鄭士良、陸皓東等人到廣州後，透過祕密和公開渠道利用社會關係隱藏身分進行起義的籌備工作。

　　八月底，起義準備工作大致完成，決定在陰曆九月初九日（十月二十六日）重陽節正式起義。十月十日，興中會在香港商議籌備起義後將成立的臨時政府，會議選舉楊衢雲為總統。重陽節前夕，起義準備就緒。陸皓東製作青天白日旗為旗幟，決定以「除暴安良」為號召，臂纏紅帶為暗號。

　　陸皓東（西元一八六七至一八九五年），中山先生的摯友，「翠亨四傑」之一，廣州起義的領導人之一，失敗後不幸被捕，壯烈犧牲。

　　重九前夕，清政府兩廣總督譚仲麟得到英國當局電報，又有知情者告密，獲悉了興中會起事的消息，於是出動軍隊、差弁搜查起義據點，四處緝捕。到了約定好的日子，廣州附近各路隊伍已經到達廣州，而楊衢雲突然發密電告訴起義人員軍械不能按期到達。偷運入境的六百餘支手槍在海關被清軍查獲，

孫中山考慮到誤期定會洩漏消息，立即用暗語覆電楊「貨不要來，以待後命」，並迅速與陳少白先後離開廣州經香山、澳門到香港。楊衢雲接到孫中山的電報後，因軍械已上船，仍派朱貴全、丘四等人隨輪船到廣州。二十八日，船抵廣州時，朱、丘等四十餘人被捕，起義計畫全部遭到破壞。清政府大肆捕殺革命黨人，陸皓東、朱貴全、丘四等被殺，程奎光病死獄中，孫、楊、陳等均被懸賞通緝。廣州起義失敗，孫中山經由日本返回檀香山，「乙未九月九日為予第一次革命之失敗」。

發動會黨革命

所謂會黨是對鴉片戰爭後，以反清復明為宗旨的多數民間祕密團體的總稱。會黨具有反對清朝封建專制統治、反對帝國主義的性質。在此以前，天地會、哥老會等通稱會，自興中會與天地會首領聯絡後，始稱「會黨」。會黨多以反清復明為口號，內部實行家長式領導，首領由大首領加封，一切行動的安排和發動唯首領之命是從。會黨多以破產農民、手工業者和無業游民為主體，處於社會下層，好勇鬥狠，有很強的地方性，採取活動多以祕密方式進行。

拿當時的哥老會作例子，隨著第二次鴉片戰爭結束後，湘勇的遣散增加了這一會黨的勢力，會眾個體活躍於長江流域和兩湖到上海的城鄉之間。哥老會還接納了失業船工、縴夫、破

產農民和手工業者，甚至兩淮鹽梟。十九世紀後期，哥老會成為社會影響力很大的地方勢力。長江流域那些紛起的反洋教鬥爭和其他反抗鬥爭都能找到他們活躍的身影。同時他們又是讓人側目的社會力量。興中會骨幹畢永年曾經積極活動於湖南地區，與哥老會頭目李雲彪、楊鴻鈞等人交往，宣傳革命，後約哥老會頭目七人在香港進行興中、三合、哥老三會聯合。只是不久後哥老會退出了這一聯合。不過，哥老會首領馬福益對同盟會起事給予過較大的幫助。

興中會為更多的擴大勢力和影響，很注意聯絡會黨。孫中山曾說：「余持革命主義，能相喻者，不過親友數人而已。士大夫方醉心功名利祿，唯所稱下流社會，反有三合會之組織，寓反清復明之思想於其中，雖時代湮遠，幾於數典忘祖，然苟與之言，猶較縉紳為易入，故余先從聯絡會黨入手。」[30] 一九〇四年，孫中山在美國進行革命活動時，積極與洪門司徒美堂聯絡，深得司徒本人的信賴，司徒主動擔負起孫中山個人的保衛工作。孫加入洪門，洪門給予孫中山人力、物力、財力各方面的支持。

興中會發動廣州起義和惠州起義，主要的依靠力量就是會黨。

一九〇六年的萍瀏醴起義是辛亥革命前在革命黨影響下，參加人數最多的一次，近三萬人。參加者大多是會黨成員，起

30　胡漢民：《總理全集》第一集，上海民智書局，1930 年 2 月版，920 頁。

義沒有與東京的同盟會總部聯繫。包括蔡紹南和劉道一這些革命黨，他們的另一重身分是洪江會頭目。這次起義既沒有資金上的充足準備，槍砲等軍備也沒有採購回來，只是憑藉會黨首領的野心，很難形成統一部署，行動上更不可能求得統一。

隨著萍鄉煤礦的擴大開採，流民時有增加，所以本地區會黨流派很多，彼此不統屬。洪江會頭目們起初比較謹慎，主張仔細考慮再作起義決斷。其中一個頭目廖叔保在麻石聚眾起義後，帶動了整個洪江會起義，所以這次起義是一次盲動下的暴動。

會黨往往介於工商社會和流民群體之間，是以流民的形式存在的群體。其中，有些人無疑是社會上的邊緣人，靠收保護費、搶奪、出頭要錢的工作安身立命。會黨既容易被收納去搞革命，興中會、光復會多依靠他們，同時由於他們幫會習氣、管理鬆散、成分複雜等原因，對革命黨的起義又會產生負面影響。光復會號召起來的比較大的幾次起義最後走向失敗，就和幫會的洩密有直接關係。

一九〇七年夏，同盟會中原光復會成員計劃在浙江、安徽兩地發動起義。革命黨人徐錫麟早年留學日本學習軍事，因為近視的原因回國後沒有進入正規的軍校。

清末因為仰慕日本的強大，在社會上也曾經有尚武的社會風氣。徐家有錢，在上海購置了五十支後膛槍並兩萬餘發子

彈，公開在紹興創辦了一所民間預備警察學校大通學堂，並花錢捐了一個道臺。湖南巡撫俞廉三因為與徐家的親戚關係，將徐錫麟推薦到安徽巡撫恩銘那裡，成為安徽巡警處會辦和巡警學校的監督（校長）。每年畢業之時，大通學堂都要宴請紹興府、山陰縣當地官員和頭面士紳。學堂畢業生的照片和畢業證件都要加蓋府縣的官印。

　　一九〇七年初，女俠秋瑾接任校長，將金華、處州和紹興三府的會黨頭目招進學堂，練習槍械。七月，面對社會上的流言蜚語，徐錫麟和秋瑾遂決定在皖浙兩地同時發動起義。當時，安徽巡警學堂的徐錫麟並沒有做好準備，在學校中也沒有發展多少成員。浙江大通學堂大多依靠聯絡地方會黨，所以往往因為缺乏統一指揮而導致起義計畫過早暴露。當時，兩江總督端方已經將進入到安徽的革命黨人名單祕密地報給了恩銘。由於恩銘對徐錫麟的信任，使徐本人看到了名單。徐錫麟了解了狀況的緊急，決定提前起義，並利用巡警學堂進行畢業學生典禮之際刺殺了安徽巡撫恩銘。這一事件使大通學堂的起義計畫陷入孤立，導致秋瑾的被捕。

　　總之，會黨對革命無可爭議地具有兩重性。既能投入革命，關鍵時刻造成大的影響。同時，由於情況複雜並不能一概而論。辛亥以後，有的會黨勢力甚至公開走向反動。

壯哉學生少年

辛亥革命前夜，中華大地上出現了留學熱潮。新興知識分子階層從此開始出現。據統計從一八九五年到一九〇五年前後，赴日留學生達八千六百餘人。

中日甲午戰爭中，中國被日本打敗，被迫簽訂喪權辱國的《馬關條約》。中國人四千年的睡夢從此時被驚醒。中國知識分子開始思考這樣的問題：中國為什麼會失敗？日本為什麼會富強？康有為提出「不妨以強敵為師資」，主張仿效日本，變法維新，救亡圖存。

一八九五年，御史楊深秀上奏：日本明治維新功在留學生，請帝國政府派人赴日學習。一八九六年五月，經過總理各國事務衙門的考試選拔、由帝國政府派遣從十三歲到三十二歲不等的十三名中國留學生抵達日本。這件事從此改寫了中日文化交流史：日本從留學生派遣國變為接受國，而中國由留學生教育國「淪為」派遣國。

這批中國青年受大清帝國的派遣東渡日本，成為第一批中國官派留日學生，揭開了中國人留學日本的歷史序幕。

一八九六年，各省地方政府也陸續派留學生赴日本留學。到一八九九年已有兩百餘人。二十世紀初，更有大量自費學生東渡日本。一九〇三年，留日學生已有一千多人。一九〇五至一九〇六年達到高潮，猛增到七八千人，以後雖有下降，到

第一章　維新與革命之爭

一九一一年仍有三四千人。這個時期，中國官費、自費留學生共達數萬人之多，形成中國留學史上空前的第一次留日高潮。

留日熱潮的形成還有其他的原因。諸如大清政府在一九〇五年停止了科舉考試，提倡和鼓勵留學。因此，出國留學成為部分知識分子的重要出路。這個時期的日本政府採取了一些吸引中國留學生的政策，甚至專門設立了一批接納中國留學生的學校。還有一個原因就是留學日本比留學歐美有不少便利條件，像地理相近，交通方便，費用節省，文字習俗相近等等。

自一八九六年首批留學生赴日以來，留學生人數逐年增加，至一九〇五、一九〇六年間達最高峰（八千名左右）。美國學者任達（Douglas R.Reynolds）在《新政革命與日本》中說：「粗略猜想，從一八九八年至一九一一年間，至少有兩萬五千名學生跨越東海到日本，尋求現代教育。」與此同時，大批日本人應徵到中國的學校出任教師（稱為日本教習），或在各類政府機構中擔任顧問（軍事、外交、教育、農事顧問等）。除此之外，日人還在中國創辦學校（如杭州的日文學堂、南京的同文書院、北京的東文學社和上海的留學高等預備學堂等），派遣日本教師授課，在中國本土開展日語教育，培養留日預備軍。赴日留學生的增加與赴華日本教習、顧問派遣規模的遞增成正比，同消同長。

　　這個時期，中國留日學生，投入學習的專業很廣泛，尤以政法和軍事最為熱門。許多留日學生透過參加各種愛國運動走上革命道路。他們在日本創辦各種報紙雜誌，翻譯出版書籍，積極宣傳新文化、新思想。同盟會從事革命宣傳、武裝起義的骨幹分子大多數是留日學生。同盟會領導人黃興，革命宣傳家鄒容、陳天華，革命烈士秋瑾、徐錫麟等都是早期留日學生。

　　早自一八四〇年以來，由於外國勢力的大規模入侵，大清帝國開始急遽走向衰落。在捍衛國家利益之時，中國軍事呈現出不堪一擊的窘態，特別是由於武器裝備的落後交陣則敗，迫使大清帝國政府不得不將目光投向了軍事發達的西方資本主義國家。

　　一八七七至一八九五年間，在李鴻章、沈葆楨等有識之士的努力下，帝國政府就先後派遣了三批船政學堂的學生留學歐洲，學習艦船製造、駕駛等技能，以期學有所成、抵禦外侮。

　　同期，曾國藩聯合李鴻章上奏朝廷：「擬選聰穎幼童，送赴泰西各國書院，學習軍政、船政、步算、製造諸書」，使「西人擅長之技，中國皆能諳悉」。其後，向美國派遣留學幼童的方案獲得了帝國政府的批准。

　　曾國藩為做好這一準備工作，事先委派容閎在上海設立了一所預備學校。學校由劉開生擔任校長，容納三十人，成為派送美國的第一批學生。容閎計劃分四批，派遣一百二十名少年赴美留學，學習期共為十五年。由於觀念的原因，生源在那個

第一章　維新與革命之爭

時代難以保證，所以第一批赴美學生，大多為廣東人，其中又以香山人居多。

一八七二年八月十一日，首批三十名留美學生由上海出發，其中就包括後來的中國近代工程之父詹天佑。詹天佑小的時候，一位譚姓鄰居長期在香港做事，他很喜歡聰明的詹天佑，反覆勸說詹父同意兒子天佑出去留學。詹父在對方答應把女兒許配給詹天佑後，才勉強同意詹天佑出行。

一八七二年至一八七五年之間，清政府先後派出一百二十名留學生。在這些留美幼童中，有二十二位進入耶魯大學，其中有詹天佑、蔡紹基（後任北洋大學校長）；有八位進入麻省理工學院；有三位進入哥倫比亞大學，其中有唐紹儀（民國第一任國務總理）；有一位進入哈佛大學。留美幼童接受了西式教育，逐漸接受了西方文化，回國後大都成為清末國家改革的可用之才。

二十世紀末，中國留學的歸國人數與世界其他國家留學生歸國人數相比，平均數明顯低於其他國家。但是，站在近代歷史長河的角度來看，赴日留學潮無疑是中國近代史上最重要的文化交流運動。

留學生們主要把精力放在學習西方的科技文化上，專注對傳統觀念的反思，起初對革命的關注十分有限。一九〇三年，鄒容從日本回到上海，發起組建了中國學生同盟會。在他看

來，中國若真亡，「不亡於頑固政府，不亡於娑毒疆吏，不亡於列強之瓜分，不亡於各級社會之無知識，吾敢一言以斷之日：中國之亡，亡於學生」。鄒容認為學生既為舉世推崇的主人，必須盡主人之天職。

留日學生對政治的興趣有限，並不積極傾向於革命。所以，一八九五年廣州起義失敗後，孫中山在日本主要在華僑中發展革命勢力。梁啟超在日期間議論國事，更吸引學生們的關注。傾向康、梁的青年學生更多一些。日後，留日學生成為革命黨和立憲派爭奪的對象，雙方以《民報》和《新民叢報》為喉舌展開論戰，焦點為是否應該用武力推翻大清王朝。

革命排滿與保皇立憲之爭

一八九五年華興會成立以後，革命黨就開始和立憲人士以報紙為基地進行論戰。有革命黨在香港的《中國報》與保皇黨的《嶺海報》（廣州）、《商報》（香港）對抗；在檀香山革命黨的《民生日報》與保皇黨的《新中國》報對抗；在舊金山革命黨的《大同》報與保皇黨的《文興》報對抗。這時期，這種對抗對知識青年的影響極小，似乎微乎其微。[31]

在進入晚清新政革新的最後十年，也是立憲和革命理論爭鬥的關鍵十年。這時，革命黨與康、梁的矛盾已經公開化。

---

31 李劍農：《中國近百年政治史》，復旦大學出版社，2002 年 9 月版，218 頁。

第一章　維新與革命之爭

　　章太炎曾經認為，挑撥革命黨與保皇黨關係的是以張之洞為代表的政府要人，「任公、中山，意氣尚不能平，蓋所爭不在宗旨，而在權利也」。那個時代革命黨將康、梁排在第一政敵的位置上。太炎先生因此擔心孫、梁之爭會危害革命大局，孫、梁都是了不起的人，中國革命「一線生機，唯此二子可望。」[32]

　　當時在上海和香港兩地已經出現《中國日報》、《廣東日報》、《警鐘日報》等數家報紙。不久，《民報》出現，遂成為革命人士抨擊保皇立憲、宣傳革命排滿的強硬陣地，與梁啟超主持的《新民叢報》展開了大規模的論戰。革命派把章太炎寫的〈駁康有為論革命書〉作為與保皇派公開論戰的武器。「中國革命的運動一天一天的增加勢力。同時君主立憲運動也漸漸地成為一種正式的運動。」[33]

　　在此期間，《民報》匯集了章太炎、胡漢民、汪精衛、朱執信、宋教仁、劉師培等革命新銳。由於章太炎尚在上海獄中，所以前五期《民報》的主筆由胡漢民擔任。一九〇六年五月二十一日，《民報》第三號提出了與《新民叢報》論戰的十二條綱領：一、《民報》主共和，《新民叢報》主專制。二、《民報》希望國民透過民權立憲，《新民叢報》希望晚清政府實行開明

32　章太炎：《章太炎政論選集》，中華書局，1977 年 11 月版，162—163 頁。

33　胡適：〈五十年來中國之文學〉，《胡適文集》，北京大學出版社，1998 年 11 月版，234 頁。

專制。三、《民報》主張革命對待政府,《新民叢報》仍贊成政府行使專制。四、《民報》希望國民透過民權立憲,所以鼓吹教育與革命;《新民叢報》指望政府行使開明專制,只是不知如何施行。五、《民報》主張政治革命,同時主張種族革命;《新民叢報》主張開明專制,同時主張政治革命。六、《民報》認為國民革命,反對專制,則為政治革命,驅逐滿洲人,則為種族革命;《新民叢報》認為種族革命與政治革命不能相容。七、《民報》以為政治革命必須付諸行動;《新民叢報》以為政治革命只須提出要求。八、《民報》以為革命事業只能行動起來,提出要求無助於解決問題;《新民叢報》以為要求實現不了,再施加壓力。九、《新民叢報》以為可以透過不納租稅和暗殺來警告政府;《民報》以為不納租稅與暗殺只是革命的一小部分。十、《新民叢報》詆毀革命,而鼓吹個人行徑;《民報》以為對待社會都以革命為宗旨,並非憑藉刺客。十一、《民報》以為革命所以求共和;《新民叢報》以為革命反以得專制。十二、《民報》鑒於世界前途,提倡社會主義解決社會問題;《新民叢報》以為社會主義不過煽動乞丐流民而已。 最後附有編者按語,認為十二條辯論意見,革命黨會不斷進行辯論,請求公眾公正評價。[34]

34　方漢奇:《中國近代報刊史》下冊,山西教育出版社,1991 年 11 月版,401—402 頁。

第一章　維新與革命之爭

　　旅美歸來的梁啟超，先是忙於保皇大會和創辦《時報》等事，他悄悄回到上海，《時報》籌備順利後，他本人又回到日本。對於《民報》創刊後所下的挑戰書，梁啟超沒有匆忙應戰，他認為革命黨除了造謠生事、侮辱謾罵，也拿不出什麼實際的東西。曾經發生過香港的《中國日報》、《世界公益報》偽造梁啟超寫給日本首相伊藤博文的一封信，被革命黨移花接木拿來攻擊梁啟超。梁曾在《新民叢報》上連續刊登〈辨妄廣告〉和〈辨誣再白〉的文章辯汙。「真憂國者不當如是耶？堂堂正正以政見相辨難，猶可言也；若造謠誣謗，含沙射人，斯亦不可以已耶？」鄙人不能不為該兩報惜之。[35]

　　梁啟超希望雙方能「堂堂正正以政見相辨難」，而革命黨攻擊、詆毀梁啟超是不擇手段的。許壽裳說：「章先生抵東後，即入同盟會，任《民報》編輯。其中胡漢民、汪兆銘（精衛）等詰難康、梁諸作，文筆非不鋒利，然還不免有近於詬誶之處。唯有先生持論平允，讀者益為嘆服。」[36]

　　對於革命黨的攻擊、詆毀，梁啟超認為「鄙人向來不屑與辯」。[37] 同時又感覺大是大非面前，「仍不能不反駁之，蓋不如是，則第三者之觀聽愈熒也」，他先作了〈開明專制論〉、〈申論種族革命與政治革命之得失〉兩文發表在《新民叢報》上，

35　梁啟超：《飲冰室合集集外文》上冊，北京大學出版社，2005 年 1 月版，157 頁。

36　許壽裳：《章太炎傳》，百花文藝出版社，2009 年 7 月版，40 頁。

37　梁啟超：《飲冰室合集集外文》上冊，北京大學出版社，2005 年 1 月版，159 頁。

沒想到引發了一場長達兩年的影響中國近代歷史的大論戰。辯論雙方針鋒相對、唇槍舌劍、你來我往，甚至有人專門將雙方論戰的文章結集出版，《立憲論與革命論之激戰》一書成為時代的暢銷書。

一九○六年六月二十九日，章太炎三年監禁期滿出獄，孫中山親自去迎接。當時革命陣營中除了章太炎和劉師培，大都是法政、早稻田學校的青年學生，劉師培的聲望不能與梁啟超相抗衡，所以章太炎的加入，成為《民報》的生力軍。

從一九○六年七月至一九○八年十月，《民報》幾乎一直由章太炎主持，他為《民報》撰寫的文章有五十八篇之多，成為《民報》最主要的撰稿人，也為章太炎贏得了很高的社會聲望。魯迅在《且介亭雜文末編》回憶說：「我愛看這《民報》，但並非為了先生的文筆古奧，索解為難，或說佛法，談『俱分進化』，是為了他和主張保皇的梁啟超鬥爭。」

對於提倡國粹，章太炎認為包括三項：一是語言文字，二是典章制度，三是人物事跡。其實宏觀來看就是提倡民族文化。在這一點上，他與梁啟超的觀點基本是一致的。兩人在一九○二年還通信討論過撰寫《中國通史》的計畫，梁啟超發表了〈論中國學術思想變遷之大勢〉和〈新史學〉兩篇學術論文，倡言「史學革命」，主張以西學整理中國舊史。

關於種族問題。梁啟超認為政府的政治腐敗會影響民眾感

情，一旦從民族感情入手，其煽動性之強是可怕的。「滿人盡據要津，致社會上有排漢政策之新名詞出現……則相排之結果，滿亦何能終與漢敵？唯有滿族先斃，而滿漢同棲之國家，隨之而亡耳」。所以，革命黨內部在推翻晚清政府統治這一點上是高度一致的。梁啟超認為煽動家的作用是非常有限的，「唯政府所供給之革命的原料，日沖積於人人之腦際，而煽動家乃得以投機而利用焉」。[38]

《民報》出到二十四號就被日本政府查禁了，汪精衛在法國也只謀劃出版了兩期。革命黨此時言論上的戰鬥也進入了休止狀態。《新民叢報》一九〇七年七月停刊，意味著改良派與革命派的論戰最後畫上了休止符。其實自一九〇六年帝國政府宣布預備立憲以來，梁啟超的關注點已經轉移到民法和經濟學、憲法、行政法等具體問題，他準備辦一份新的刊物來刊載研究成果，沒有精力再與革命黨人周旋了。

這場論戰的勝敗代表著中國社會矛盾的發展趨勢。梁啟超在〈現政府與革命黨〉中說：「革命黨者，以撲滅現政府為目的者也。而現政府者，製造革命黨之一大工場也。」「革命黨何以生？生於政治腐敗。政治腐敗者，實製造革命黨原料之主品也。」這就等於說，沒有政治腐敗，也就沒有了革命的理由，革命黨也就失去了存在的依據。作為政府沒有盡到保護人民的權利不受到損

38　梁啟超：《飲冰室合集》之十九，中華書局，1989 年版，45—52 頁。

害的責任，適得其反卻成了人人得而誅之的獨夫民賊。

儘管取得了對於改良派的勝利，章太炎主持《民報》期間的表現並不令孫中山滿意。他們的革命訴求並不完全一致，孫中山的三民主義綱領並不被章太炎完全認同。章太炎的政治主張只是透過反對民族壓迫，實行所謂「民族復仇」，恢復漢人的統治，光復而非革命。此後，章太炎與孫中山分道揚鑣，聯合陶成章等人成立了光復會。

章太炎在〈復仇之是非論〉中說：「今之種族革命，若人人期於顛覆清廷而止，其利害存亡悉所不論，吾則頂禮膜拜於斯人矣。」他在《民報》撰寫的許多文章都展現了這種思想。

《民報》被封禁之後，章太炎以講學為業，退守書齋，政治理想的失落使得他有過出家的念頭，「其授人以國學也，以謂國不幸衰亡，學術不絕，民猶有所觀感，庶幾收碩果之效，有復陽之望，故勤勤懇懇，不憚其勞，弟子至數百人」。[39] 至此，他和梁啟超也和孫中山代表的革命黨都漸行漸遠了。

融入最後革命的洪流

無論是立憲黨人的改良，還是革命者的反清暴動，對於下層百姓，都缺乏動員的興趣。與其說擔心底層民眾會影響到他們的階級利益，倒不如說其實是擔心底層發動起來後，對社會

39　湯志鈞：《章太炎年譜長編》，中華書局，2013 年 3 月版，295 頁。

第一章　維新與革命之爭

秩序造成強烈的衝擊。中國生產關係鏈條上農民戰爭的破壞力，足以讓中國民族資產階級心生畏懼。

所以，在革命勢力所到之處，包括會黨勢力比較大的地方，新政權更樂於跟當地的鄉紳合作，維持原有的社會秩序。保障鄉紳的利益，不許農民的革命出現。[40]

自大清帝國大膽屬行新政以來，無論是地方自治，還是推進預備立憲，談選舉，論民權，「民主」只限於中上層菁英，不向一般民眾開放，更不會去考慮農民的苦痛。

所以，清末預備立憲的地方自治要求農民走開，諮議局的選舉，以及後來民國首屆國會，農民都沒有機會做出什麼選擇。

縱觀清末的革新與救亡運動中，知識階層與底層民眾一開始就處於分離狀態，戊戌變法與義和團運動尤為典型。一些知識分子認為義和團其情可憫，其氣可用，舉動卻有些不可理解。

一九〇一年拒俄運動中，趨新人士也曾主張動員民眾，文明排外。一九〇二年底，梁啟超在〈新民說〉中率先使用上等、中等、下等社會的概念，象徵著中國趨新知識人士的自覺。一九〇三年八月出版的《江蘇》雜誌第五期，署名「壯遊」所發表的〈國民新靈魂〉，呼籲重鑄新國魂，有關注下層的傾向。

其後，伴隨著同盟會民主革命鬥爭的發展和國家政治環境

40　張鳴：《辛亥：搖晃的中國》，廣西師範大學出版社，2011 年 11 月版，第 123—124 頁。

的不斷惡化，以及老百姓的生活疾苦，底層民眾自發的反抗鬥爭高漲起來。從一九〇五至一九一〇年的五年間，民間的鬥爭次數據不完全統計，一九〇五年一百零三次，一九〇六年一百九十九次，一九〇七年一百八十八次，一九〇八年一百一十二次，一九〇九年一百四十九次，到一九一〇年則上升為兩百六十六次。鬥爭的形式主要有抗捐、抗稅和搶米騷動，許多地方甚至出現了農民武裝暴動；此外，城市中罷工、罷市層出不窮，反教會壓迫的鬥爭也時有發生。

　　過去革命黨人過多地看到和想到了農民鬥爭中的落後性，忽視了在農民群體中做宣傳鼓動工作，更談不上領導。群眾鬥爭不可能有明確的革命綱領，自發性和分散性嚴重。農民很難克服自身的弱點，資產階級也擔負不起發動民眾的任務。出現了群眾鬥爭和革命黨人領導的武裝起義交錯迭出，兩股力量始終未能有機結合，匯聚出完美的合力。

　　一九〇四年，孫中山控訴大清王朝「把我們作為被征服了的種族來對待」的八條罪行，聲討帝國統治者：「貪殘無道，實為古今所未有，二百六十年中，異族凌殘之慘，暴君專制之毒，令我漢人刻骨難忍，九世不忘。」章太炎建立「支那亡國週年紀念會」進行輿論宣傳，鄒容聲稱「皇漢民族亡國後之二百六十年」。革命黨人舉出華夏始祖黃帝，主張用黃帝來紀年。陳天華在〈猛回頭〉、〈警世鐘〉中盛讚黃帝為「始祖公

公」，希求漢人能夠快速找回失落已久的民族認同。[41]

　　一九○五年，孫中山的革命影響力越來越大。他在比利時、德國、法國等地的中國留學生中間先後建立了革命團體。這些革命團體逐步與中國的革命組織建立起聯絡，形成了組織網絡。

　　同年八月二十日，中國各個革命團體負責人齊聚東京，商討聯合革命事宜。決定成立中國同盟會，共抗大清帝國暴政，形成一個統一嚴密的組織來領導革命。選舉孫中山為總理，黃興為執行部庶務。[42]

　　大清帝國試圖以立憲或預備立憲來規避革命，真的能夠立憲成功，革命就有流產的可能。所以在預備立憲期間，革命黨極盡能事謀劃領導了一系列的起義和暗殺，包括一九○六年萍瀏醴起義，黃岡與七女湖起義，一九○七年防城、鎮南關起義，一九○八年馬篤山起義、河口起義，一九○七年光復會發動的皖浙起義等。總歸來說，到大清帝國宣布「鐵路國有」，收回地方的路礦權，乃至「皇族內閣」的出現，大清帝國的統治還是穩固的，地方治安狀況良好。

　　同盟會以武裝起義為方針，在起義挫折之際，暗殺主義成風。也發生了內部的思想分歧，策略上，有主張到北京去發動

41　金滿樓：《天命所終：晚清皇朝的崩潰》，江蘇人民出版社，2016 年 8 月版，95—97 頁。

42　馬勇：《大變革時代：1895—1915 年的中國》，經濟科學出版社，2013 年 1 月版，47—48 頁。

「中央革命」的,有主張在沿海、邊疆發動「邊地革命」的,有主張在長江流域發動「中部革命」的。一九○七年夏,同盟會上層發生分裂。張繼、章炳麟、陶成章等兩次掀起反對孫中山的風潮。孫中山醞釀改組同盟會為中華革命黨。一九○七年八月,張百祥、焦達峰等人在湖北創立了共進會。一九一○年二月,陶成章、章炳麟在東京重建光復會。一九一一年七月,譚人鳳、宋教仁等人在上海成立同盟會中部總會。

立憲派逐步看清了帝國政府是「假立憲之名,行專制之實」。一九一○年《時報》發表社論說:苟猶有以為不足者,勢非另易一辦法不為功。從這時起,立憲派有了另闢蹊徑的想法。北京的請願代表團解散時,曾公開發出《通告書》,書中說:「朝命即下,度非復挾一公呈、一請願書可以力爭也;又非復少數人奔走呼籲可以終得請求也;唯諸父老實圖利之。」請願已毫無希望的意思已經表露無遺。在絕望和憤慨之下,一些較激進的立憲派骨幹表現出贊助革命的傾向。這種傾向無疑地加重了立憲派與帝國政府間的思想對抗,決定了他們在武昌起義後所採取的政治態度。

立憲的步伐緩慢進行,只是當時的立憲精神分為三個方面。一是慈禧太后的「遷延」,七十四歲的她以不讓自己的大權失去為原則,有留法學生的言論批評見諸法國報端:「清太后之欲立憲,實清太后愚民之術也。」二是帝國貴族排漢之爭,試圖透過立憲

收回中央集權。三是漢大臣官僚有打破滿人的政治優越的想法。

　　人們一度認為只要走上君主立憲之路，就可以避免革命帶來大的動盪，中國有機會像東西洋各國一樣重構國家，重塑形象。革命黨人也在摸索徬徨中尋找出路，盡可能迴避內部矛盾，發現革命的力量之源。

　　大清帝國十年立憲改革，一路走來，並非完全虛假和無用，不管怎樣，它開啟了近代中國憲政，開創了中國政治現代化進程，基本完成了從古代法制向近代法制的轉變，給予國人民主憲政的啟蒙教育。

排滿主義的呼聲

　　「今之革命，復仇其首」、「黃種國民應有恨」、「念華夷界限，必代春秋，呼冤展腥羶歷史，誓為種族流血」……諸如此類的言辭，在辛亥革命期間的報章雜誌中尋找，可謂俯拾皆是。

　　一八九九年，梁啟超發表了〈論變法必自平滿漢之界始〉，成為揭示大清帝國治下，滿漢矛盾的發端之文。如果與梁啟超在一九○三年《新民叢報》上引用的「和事人」來函一則做比較，「和事人」其實更能揭示清末反滿主義的政治內涵。借助和事人之口，「革命之說一起，而思滿人平日待我之寡恩」，排滿向兩個方向延伸：以民族主義感動上流社會，以復仇主義鼓動底層社會。

　　章炳麟身為全盤反滿的代表性人物，一直反對滿人來統治漢人。在某種程度上，章炳麟主張讓滿人退回東北。同時，章氏身為一位學者，他宣稱滿人扭曲了華夏文化，沒有資格統治中國。滿人兩百多年的統治已將中國變為「奴隸之國」，處於西方帝國主義勢力控制下的晚清政府治下，中國人簡直就是「奴隸之奴隸」。

　　「排滿」成為主義，成為革命學說，這在晚清時節不單構成思潮，而且成為動員成百上千社會民眾投入國家革新的一種有效手段。楊度在一九〇七年給梁啟超的一封信中，將「排滿革命」稱為「操術」。「一切法理論、政治論之複雜，終非人所能盡知，必其操術簡單，而後人人能喻，此『排滿革命』四字，所以應於社會程度，而幾成為無理由之宗教也」；「排滿革命之理由，各異其言，有曰報仇者，有曰爭政權者……凡理由甚簡單而辦法甚發複雜者，雖智者不易尋其條理，凡理由甚複雜而辦法甚簡單者，雖愚者亦能知之，能言之，能行之，範圍反較為大，勢力反較益增也。」[43]

　　排滿的理由有講「報仇」的，「爭政權」的，更有針對「滿人不能立憲」的。打出「排滿」口號，「幾成為無理由之宗教」，辦法簡單，每一個漢人都知道、可以說出來，更可以付諸實踐。

43　金滿樓：《天命所終：晚清皇朝的崩潰》，江蘇人民出版社，2016 年 8 月版，217—225 頁。

第一章　維新與革命之爭

　　廣東人謝公惠在他的《辛亥雜憶錄》一書中說，留日學生的驅逐韃虜的演講和文章成為那個時代的「八股文章」，很有震撼力。排滿在那個時代已經成為一種「政治正確」，在充斥著「復仇」和「血」的義憤情感中，理智顯得弱化了。冷眼旁觀的嚴復禁不住黯然評論：「當輿論燎原滔天之際，凡諸理勢誠不可以口舌爭！」「種族之恨與復仇之圖能快一時之意，卻必將貽禍於後世子孫。」

　　這是嚴復的拳拳憂慮，也是幾十年後回頭看待辛亥革命這段歷史無法迴避的一個命題。由種族推衍革命，隔離與復仇大行其道。辛壬之際，革命派幾乎未做辯論，轉向迴避種族復仇，利用民國政府的喉舌和政治領袖的開明姿態，很快征服了社會民眾的心理，迅速完成由「驅除韃虜」到「五族共和」的轉變。

　　在〈辛亥革命與國民黨〉一文中，陳獨秀對此不無揶揄地說：「信仰三民主義而加入同盟會的，幾等於零。」意指當時的革命加盟者大多帶有排滿情節，三民主義顯然成了「一民主義」。辛亥革命成功何嘗不是依靠「一民主義」取得十四省獨立，大家都認為只要「驅除韃虜」成功，自然革命成功。

　　身為保皇人士的康有為主張「君民同治」、「滿漢不分」，認為中國的傳統必須要有皇帝，而且當時的民眾還不具有單獨治理國家的能力，至於滿洲問題，以國家主義代替民族主義是一個更適宜的選擇。

　　回到辛亥年的反滿事件。實際上，暴力的排滿在各地既複雜又各不相同。在武昌、杭州，同盟會、新軍在主導。其他一些地方，革命陣營內部爭論一直不斷。西安的革命黨十之八九隸屬哥老會，仇滿情緒很激烈。雙方爭執不下，最後還是會黨的勢力占了上風。對於革命黨來說，主義和信仰顯然已經無法越過仇恨，支持他們堅定地執行排滿。這一短暫的歷史過程也讓我們看到，革命行動總要比話語更複雜。

　　辛亥年還有漢人設法去保護無辜旗人的事。蔣夢麟曾在《西潮》中描述：「革命波及杭州時不曾流半滴血，新軍的將領會商之後黑夜中在杭州街頭布下幾尊輕型火砲，結果未發一槍一彈就逼得撫臺投降。新軍放了把火焚毀撫臺衙門，算是革命的象徵，火光照得全城通紅。旗下營則據守他們的小城作勢抵抗，後來經過談判，革命軍承諾不傷害旗下營的任何人，清兵終於投降。」

　　據統計，革命中被殺或自殺的督撫共四人，其中包括：閩浙總督松壽（滿族，自殺）、四川總督趙爾豐（漢軍，被殺）、江西巡撫馮汝騤（漢族，自殺）、山西巡撫陸鐘琦（漢族，被殺）；被殺或自殺的將軍四人，即西安將軍文瑞、伊犁將軍志銳、廣州將軍鳳山、福州將軍樸壽；其他被殺或自殺的高級武將共計十一人，其中包括黃忠浩（漢族，提督）、良弼（滿族，都統）、載穆（滿族，都統）、謝寶勝（漢族，總兵）、王有

宏（漢族，總兵）、何師程（漢族，總兵）、張嘉鈺（漢族，總兵）、譚振德（漢族，協都統）、恆齡（滿族，副都統）、鍾麟同（漢族，統制）、劉錫祺（漢族，協都統）；除此之外，還有一名提法使（張毅，漢族）自殺，一名布政使（祖世增，漢軍）被殺；另外，至少有三十一名實任知縣或知州在這場風暴中被殺或自殺。

　　山西都督閻錫山在追訴被殺的巡撫陸鐘琦時，認為陸的「精神和人格值得我們敬佩」，但是革命是無理由的，因而陸鐘琦的被殺是很難解釋的。只是對於無辜受害的民眾，後人們或許會思考各族之間的殺戮是否可以成為合理的革命理由？歷史往往被政治所利用，最終淪為政治的犧牲品，在偏激甚至有意誤導的歷史背景下，很難培養民眾的理性思維。

　　武昌起義後，「社會主義者」江亢虎有致武昌革命軍的一封公開信，就「興漢滅滿」的種族革命，提出了十二點「大不可」。認為種族革命，有悖於人道，易失去民心，與民主共和精髓之平等博愛相衝突；復仇為義，容易導致外來干涉乃至瓜分慘禍。一九一三年，此信在上海《天鐸報》匿名發表後，革命軍駐滬事務所來函痛斥江，說他「倡邪說以媚滿奴，疑亂軍心，當膺顯戮」，「漢奸」、「滿奴」的稱號伴隨著一封封恐嚇信襲來，甚至有人宣稱要用炸彈炸死他。

　　種族隔離，這在辛亥年無疑是存在的。蔡元培說，排滿已

經成為「政略上反動之助力」，這是主義與行動的脫節，也意味著中國革命歷史軌跡上的波折。其後經歷了政權易位之後，革命者開始試圖澄清革命概念，透過建構族群、種族的文化詞彙方式，尋求一種新的民族認同。

載灃的難處

攝政王載灃身為晚清帝國政壇上的領軍人物，生於一八八三年，一九五一年去世。其最風光也是最難受的時間段，應該是光緒帝、慈禧太后相繼去世後直至大清帝國終結的那三年。

說到攝政王載灃，不免要將帝國淪亡的責任歸咎於他。載灃上位屬於機緣，他的智慧、能力達不到掌控複雜局面的程度。

載灃生長於王府大院，才智不及其兄長光緒帝。身為晚清帝國第一個出洋遊歷的宗室成員，這個經歷無疑擴大了他的視野。載灃真正步入政治舞臺是在歐遊幾年後，帝國進入憲政改革的過程中。憲政的實現意味著滿洲貴族的「私天下」要變為「公天下」，滿洲貴族怎樣才能在公天下背景下處理皇室利益，帝國如何避免憲政改革可能引發的政治危機，無疑成為中國政治的焦點。

載灃等一批帝國青年才俊加入政治改革，合乎歷史發展大勢，是一種歷史選擇。如果載灃在軍機大臣位置上能有更多歷

第一章　維新與革命之爭

練，隨著年齡成長，經驗累積，會變得更沉穩。只是歷史給了他不過兩年、轉正軍機不過幾個月時光，身邊情境就發生了巨大變化：光緒帝、慈禧太后在一九○八年十一月相繼去世，載灃在匆忙中成為大清帝國監國攝政王。載灃和隆裕太后的權力組合是否配合得體，因為帝制架構依然存在，宮中故事的複雜，也為外人難以盡知。載灃出任監國攝政王二十九歲，隆裕太后四十歲，小皇帝宣統只有三歲。這一組合成為類似早年奕訢、慈禧、同治的權力組合。慈禧太后、光緒帝留給攝政王、隆裕太后的，似乎只是一條按部就班就能順利走下去的預設之路。大家都這樣想，再有幾年時間，等大清帝國完成了憲政改革，實現了責任政府，就可能實現皇權永固。

　　一九○六年開始的預備立憲，經過兩年也有相當的發展。一九○八年公布《欽定憲法大綱》，發布《九年預備立憲逐年推行籌備事宜清單》，詳細開列進度。按照清單，從頒布《欽定憲法大綱》的一九○八年開始發展到一九一七年，中國就將實現君主立憲。只是想不到光緒帝和慈禧太后在一九○八年同時去世。攝政王無法有力地執行既定的九年計畫。當日本不斷向東三省移民，覬覦中國的野心不斷加大時，立憲黨人也等不及九年之期，這一切都推動載灃必須要做出一定的改變。

　　按照九年規畫，在立憲目標實現後，君主不再獨享權力，有一個民選或半民選的御用國會，有一個權力有限的責任政

府，這個政府由議會選舉，皇帝批准，幾乎完全就是日本明治維新的模式。只是，在立憲派心中這個與帝國高層達成的共識的前提條件，是君主足夠英明、能力卓越。光緒帝有這樣的潛質，小皇帝溥儀就難說。立憲黨人想藉危局之勢加快立憲步伐，透過國會和責任政府分享權力。這就是幾次國會請願運動的初衷。

慈禧去世後，載灃攝政。載灃雖位高權重，但重大事件還是需要由隆裕太后頒布懿旨決定。隆裕和她的妹夫載澤對攝政王有明顯的掣肘。其次是權傾朝野、貪瀆昏聵的慶王父子。奕劻雖為皇族內閣的重要成員，但更關心的是受賄貪墨之事。袁世凱送給慶王的重磅銀圓，無疑在其勸說隆裕退位的過程中產生了重要作用。武昌起義爆發後，慶親王領銜了京城的金融恐慌，風聞武昌起義發生，從大清銀行提了二十五萬兩銀子，使謠言紛紛，京師大亂。

按照王朝政治的一般規律，權力重組，一批老臣、重臣諸如端方、岑春煊、袁世凱相繼將會退出政壇。這也可以看作是年齡尚輕的攝政王，組建新班底掃除障礙的必要步驟。據說載灃曾召見御史趙炳麟，趙建議鄭重宣布光緒帝誅殺袁世凱的手詔，明正其罪，以靖內奸，任命康、梁等人為顧問，實行憲政，收攬人心。

張之洞一九〇九年病逝後，留下的鹿傳霖、戴鴻慈等人並不具備領袖群臣的權威。責任內閣成立後的兩個協理大臣，滿

第一章　維新與革命之爭

人那桐愛錢要命；漢人徐世昌八面玲瓏，與北洋一系有著剪不斷的瓜葛。地方上疆臣也全無曾、李的氣度。很多人攀關係找門路，為自己埋設退路。直隸總督陳夔龍夫人認了奕劻作乾爺，安徽巡撫朱家寶的兒子又認了奕劻之子載振為義父。

真正讓攝政王陷入極度被動局面的，還是一年後的國會請願運動。對於國會請願運動，攝政王還是做了不少善意回應。但是不久，當第一屆責任內閣名單發布，鐵路幹線國有政策發表，這時的局勢完全變了，已經沒有辦法控制了。攝政王如果在這兩個問題上繼續讓步，比如及時解散第一屆責任內閣，及時廢除鐵路幹線國有政策，或許可以平息動盪局面。

局勢相激相盪，終於因武昌新軍嘩變而破局。武昌起事時任湖廣總督的瑞澂如果集中力量，堅決鎮壓，局勢可能朝另一個方向發展。稍後，灤州兵諫，攝政王在各方壓力下，一方面宣布接受加快憲政改革步伐，發布《憲法重大信條十九條》，改組內閣，授權袁世凱組閣；另一方面見機行事，宣布辭去監國攝政王職務，以便袁世凱協助隆裕太后收拾被動局面。

載灃雖為新貴，既無與生俱來的威權，還有不可踰越的朝廷「規矩」。再加上北洋首領袁世凱如虎在側，八旗兵丁對解散駐防的強烈抵抗，即使沒有自身的「優柔寡斷」，也難以決斷東西。

新政中載灃試圖進行收權活動，一是將地方漢族官僚集團的權力盡可能收回，二是將地方的權力盡可能地收歸中央。

這是導致大清帝國覆亡、立憲派倒戈的關鍵因素。載灃當年二十九歲，身邊宗室權貴和他年紀相仿的一幫人有心思把漢人權力收回，把地方權力收回。慈禧太后時期也不敢貿然大規模地向地方上的漢族重臣收權。載灃缺乏經營地方的嫻熟的政治經驗和理念。載灃勇於籌劃著收權，向北洋派開刀，把袁世凱開除，把梁士詒趕走，所以得罪的並非只是一個袁世凱這麼簡單。

載灃最大的功績，就是和隆裕太后一起避免了國家的再次內戰，以一個王朝的退出，換來了勉強的五族共和。後人多嘆惜於載灃的平和，甚至平庸，但實際上載灃性情敦厚，有大局意識和國家觀念，沒有在最終關頭負隅頑抗。

革命黨的家業

一個政權要合理運作，需要足夠的經費支撐。軍事戰役的發動，必須有足夠的武器彈藥和軍餉開支。革命黨人的活動經費主要來自兩個部分：一是募捐，發行債券；二是向資本主義國家的政府和私人借貸。[44]

當時，南方革命政府唯一可能獲得的大宗收入是海關關稅。武昌起義後不久，長久介入管理中國海關稅收的英國聯絡

44　楊天石：《國民黨人與前期中華民國》，中國人民大學出版社，2007 年 7 月版，47—60 頁。

第一章 維新與革命之爭

其他國家，公開控制了海關稅收，防止被革命黨利用起來，以此作為革命黨獲取政權的經費。同時，西方國家要繼續利用海關稅作為中國政治賠款的抵押。

孫中山積極奔走，仍然避不開向西方列強進行政治借貸的老路，只是獲取這種支持的可能性對革命黨來說，似乎變得越來越渺茫。相反，對於袁世凱政府的建立，英國的財團卻表現出了慷慨解囊的熱情。武昌起義後，孫中山還在西方奔走，一是在國際上爭取西方列強的支持，二是向西方國家的財團、銀行借款，來幫助革命以及革命後的建設。

一八九六年，孫中山在倫敦的九個月，對他個人來說，經歷了被大清帝國駐英使館囚禁的黑暗日子，險喪性命。多虧友人詹姆斯·康德黎（James Cantlie）的幫助，康德黎積極奔走，將駐英公使的行為向英國政府告發，並透過倫敦報社作輿論宣傳，使孫中山最終獲得釋放。蒙難的事不僅沒有使孫中山退縮，反而使他由此增強了革命的信心，視英國政治文明為中國所應追求的目標。

經費問題，一直困擾著孫中山。從孫中山開始革命之日，曾一直希望得到日本政府的支持和幫助。只是對日本政府的對華政策一直缺乏清晰的認知。在向私人資本進行借貸的過程中，得到過宮崎滔天一家真誠的幫助。

一八九七年八月十六日，孫中山乘郵輪從溫哥華到日本橫

濱，在日本結識了友人宮崎滔天。從此，宮崎滔天開始為孫中山的革命事業提供幫助。

在宮崎滔天的熱誠支持下，孫中山認識了犬養毅、頭山滿、平山周、平岡浩太郎等一批朝野人士。其間，犬養毅面見大隈重信（時任外相）爭取讓孫中山合法留在日本，由犬養毅安排平岡浩太郎出資僱傭孫中山為平山周的語言老師，以解決孫居留日本的生活費用。宮崎滔天，在孫中山旅日兩三年間，成為孫中山的得力助手。

一八九八年初，宮崎把孫中山的《倫敦蒙難記》翻譯成日文，重新樹立日本社會以及旅日華僑對孫中山人格風範的印象，提高孫中山在日的威望。

戊戌變法失敗後，康有為、梁啟超得到宮崎滔天和平山周的幫助，先後亡命日本。宮崎滔天得到日本政府的資助和授意，在孫中山與康、梁間奔走遊說，希望能促成雙方的合作。

一八九九年十一月，宮崎滔天親赴華南做詳細的實地考察，藉此為孫中山完成了統合湖南哥老會、廣東三合會和海外興中會的重大任務，並使孫中山成為興漢會的首領，確立了孫中山革命領袖的地位。從一九○二年六月，宮崎滔天發表了《三十三年之夢》的自傳紀事，對孫中山其人其事，做出如實報導，使孫中山在中日兩國人民的心目中成為「近今談革命者之初祖，實行革命者之北辰」。

　　宮崎一家為革命事業服務一直持續到一九二〇年代，其本人與許多革命志士的關係也是非常熟絡。

　　一九〇七年，黃興長子黃一歐經孫中山、章太炎等人介紹在東京加入了中國同盟會。一九一〇年至一九一一年春，黃一歐往返於日本、中國香港之間，將透過宮崎滔天的關係購買到的彈藥武器從日本運到中國香港。一九一一年三月，黃考入廣州巡警教練所以後，仍繼續利用宮崎的關係聯絡武器給廣州祕密聯絡點。

　　甚至在一九一六年十一月至一九一八年十二月間，宮崎夫人在上海都透過經營貿易為革命黨人提供經費。[45]

　　一八九五年一月，孫中山經他的老師、英國醫學博士康德黎介紹，認識了香港中環大馬路二十八號梅屋照相館的主人梅屋莊吉。這次見面期間，他們縱談亞洲的變革和世界人類之平等。孫中山詳細介紹了興中會的廣州起義計畫，向梅屋提出援助請求。梅屋答應盡最大努力給予金錢上的資助，並派人前往澳門、新加坡及廈門等地購置軍械。梅屋為了確保六百支槍械順利到達廣東，親自出面疏通辦理通關手續。可惜，因消息洩露，廣州起義還是失敗了。

　　孫中山因在日活動受阻，決定赴檀香山投靠兄長孫眉，但

45　楊天石：《國民黨人與前期中華民國》，中國人民大學出版社，2007 年 7 月版，197 頁。

因缺乏旅費不能成行。梅屋得知，迅速匯去一千三百銀圓資助孫中山。不久，梅屋又電匯一千銀元到檀香山給孫中山作為生活費用。梅屋還在香港多次接濟過宮崎滔天，兩人建立了深厚友誼，共同為幫助孫中山革命事業而奔走。

　　一九○○年七八月間，孫中山南下香港，籌劃惠州起義，梅屋則在香港負責籌款與購買武器彈藥，祕密運往起義地點。由於軍火與援兵不繼，惠州起義失敗。

　　後來，梅屋還在日本興建過一個簡易的飛機場，為孫中山的起義培養飛行員，成為中國最早的航空學校。一九一一年，武昌起義爆發，梅屋不顧債臺高築的現狀，變賣家產籌得二十八萬款項，用於武昌起義軍和其他革命活動。梅屋還派出攝影師到武昌拍攝辛亥革命的照片，為我們後人研究辛亥革命歷史提供了珍貴的史料。

　　據東京學藝大學教授中村義說，梅屋僅拿出用於援助的資金就遠遠超過十億日元。梅屋莊吉是用一輩子的時間和家產來支持中國的革命運動。

　　在孫中山整個革命歲月中，曾十餘次出入日本，與日關係明顯超越了與歐美關係的親密程度。據統計，在日期間他曾結交了三百四十多名日本人士，從無業的浪人到商界、軍界、學界人士乃至政客，對孫中山的革命理想在精神上和行動上給予大力支持的，不乏其人。其中的宮崎滔天、梅屋莊吉和南方熊

楠等，與孫可稱得上是患難之交，是孫的事業的忠實支持者。

　　孫中山不斷從包括日本在內的海外籌集資金，這種行為也影響到很多平凡的人，他們在資金人力上幫助革命。一次在舊金山，孫中山成功地說服了一個廣東商販團體回國從事革命。一個洗衣店老闆在與孫中山的聊天過程中，表達了自己回國的意願。當孫了解到他一週可以賺到二十美元足以維持生計時，孫果斷地勸他留下來，說「革命不分地域，不分行業，我們人多錢少，你應該留在這裡繼續做生意，勞煩你每週奉獻六美元。」

螳螂捕蟬 黃雀在後

　　袁世凱身為那個時代的菁英，並且是這些菁英人物中非常突出的一位。步入政界已經超過三十年，只在最近的十年裡，袁世凱才真正成為這個國家的要員。一八九九年六月十六日，袁世凱升任工部右侍郎，年底署理山東巡撫。一九〇〇年三月十四日實授山東巡撫，正式成為實權在握的地方大員，這也是他成長為帝國後期大人物的過程中邁出的關鍵一步。一九〇一年十一月，繼李鴻章署理直隸總督兼北洋大臣，次年實授，袁世凱一躍而成為中外所矚目的大清帝國核心人物。

　　學生時代的袁世凱並非很有政治理想，多年裡他主要從事軍旅生涯。一八八一年五月，袁世凱往山東登州，投靠了淮軍統領吳長慶，吳為其叔父袁寶慶的結拜兄弟。初到吳營，吳長

慶倒想好好栽培他，讓袁世凱跟著幕府名流張謇、周家祿學習。據張謇回憶，袁世凱「課以八股，則文字蕪穢，不能成篇。謇既無從刪改，而世凱亦頗以為苦」，而讓他「辦理尋常事務，卻井井有條，似頗幹練」。事實證明，袁世凱不喜讀書，對實務極具天賦，能有效辦理，效率高，使得不少難題迎刃而解。在大清帝國的所有官員裡，「他是第一個認真學習國外軍隊的組織方法和策略戰術的人，並且也是第一個極力鼓吹軍隊必須實現現代化的人」。[46]

一八八二年七月，朝鮮爆發了「壬午兵變」。為幫助朝鮮平定內亂並防制日本，大清帝國令丁汝昌率海軍三艦、吳長慶率淮軍六營在七日之內趕赴朝鮮。軍情緊急，時間倉促，吳長慶成立前敵營務處，袁世凱負責軍需物資供應及勘定行軍路線。他帶領前敵營務處數人率先在朝鮮登陸，在選定大軍登陸地點，勘探進抵漢城的行軍路線及營務料理等方面，辦理得有條不紊。

他也是一個卓有成效的外交武官，成功地平息了朝鮮宮廷「甲申政變」。三個月之內幫助朝鮮國王李熙訓練起一支五千人的軍隊，這說明袁是一個頗有才智的人。

青年時代起，袁世凱就屢次受到李鴻章的鼓勵。袁早期的進步也與這位大清帝國的著名政治家的影響有關聯。現在，袁

46　鄭曦原：《帝國的回憶》，生活‧讀書‧新知三聯書店，2001 年 5 月版，194—196 頁。

第一章　維新與革命之爭

世凱成了李鴻章的真正接班人。一九〇一年，在李鴻章生命處於彌留之際，他把包括袁世凱在內的一些年輕人召到床前，並把改革大清帝國的使命交到了他們的手中。

袁世凱有才能讓改革繼續進行下去。他富有才華，野心勃勃。在李鴻章死後留下的政治真空中，他看到了自己的機會。從甲午戰爭和義和團運動中，袁世凱汲取了教訓，意識到大清帝國將不可避免地發生歷史巨變。

甲午戰爭後，鎮壓太平天國和捻軍起義起家的大清帝國漢家雄獅湘、淮兩軍一敗塗地。大清帝國政府下了狠心，一定要訓練一支新式軍隊。袁世凱的小站練兵不是最早的一支，卻是最有成效、影響最大的一支。一九〇一年，請報帝國政府同意，直隸總督兼北洋大臣袁世凱以武衛右軍[47]為基礎編練「新式陸軍」。四年後，袁將原有常備軍編成「北洋六鎮」，共七萬多人，新建陸軍完全採取日本和德國的軍事建制。北洋六鎮新軍是袁世凱獲得慈禧太后許可創建的，並因此成為自己扶搖直上的政治資本。

日俄戰爭後，大清帝國的新生力量開始崛起。一方面，袁世凱在小心謹慎地使用著慈禧皇太后賦予他的權力；而另一方面，他又在鼓勵著進步的因素，並費盡心機地招攬更多有才華的人，徐世昌、馮國璋、唐紹儀等若干菁英加入其中。

47　袁在天津小站編練的陸軍。

螳螂捕蟬 黃雀在後

　　新軍中舉辦行營武備學堂，辦得聲色一片，後來在民國軍事政治舞臺上活躍的五位總統、九位總理、三十位督軍都出自武備學堂。除苦練本領之外，新兵還要進行思想教育，鼓勵他們處於國家如此優厚的待遇之下，必須抱定忠君為國的決心。

　　一九一一年十月十日，武昌起義的日子，也是隆裕和載灃集團無法面對和應對的日子。袁世凱出山的日子又要出現了。

　　十二天之後的二十二日，湖南宣布獨立；二十三日，江西宣布獨立；二十四日，陝西宣布獨立；二十四日，山西新軍宣布獨立……十一月中旬帝國半數以上的地方政府都已經脫離了中央的統治。

　　武昌起義的第二天，北洋集團趙秉鈞、段芝貴等，雲集於河南彰德為袁世凱過五十大壽。早在半年前恩師張謇特意探望過自己的學生，專程向寓居的袁世凱轉達東南士紳期望袁出山支持中國憲政的意願。

　　一九一一年十月十二日，大清帝國派出了救命稻草陸軍大臣蔭昌率北洋軍南下，只是軍隊拖沓有些指揮不靈的模樣。攝政王載灃出於無奈，只得接受慶親王奕劻的建議，十四日下詔起用袁世凱，任命其為湖廣總督，督辦剿匪。因為袁的「矜持」，以及內閣協理大臣徐世昌的從中傳話，十月十九日，帝國政府終於答應了袁的「組織責任內閣，授予前線指揮全權」的六項請求，授予袁世凱為欽差大臣，全面節制調遣陸海軍。

第一章　維新與革命之爭

　　袁世凱終於再次公開行使兵權了。其中命令：王士珍襄辦湖北軍務，編為湖北巡防營，駐守京漢鐵路，負責北洋軍後方的安全和後勤補給線的防護。倪嗣沖為河南布政使，進駐安徽潁州，保護北洋軍側翼安全。段祺瑞率第二軍駐洛陽，隨時準備接應。馮國璋率第一軍，進攻漢口。

　　武昌岌岌可危，袁留而不攻，審時度勢，給了南方革命黨人一個大大的「人情」。其間，袁世凱讓段祺瑞替代了高歌猛進的馮國璋，讓湖北革命軍暫緩緊張的心態，一面透過壓迫手法迫使隆裕太后同意改革，獲取南方的認可。獲得朝廷授權的袁世凱同南方約定，在上海舉行正式談判。南方代表外交家伍廷芳（西元一八四二至一九二二年）曾身為李鴻章的得力助手，是中國第一個法學博士，歷任外務部侍郎、駐西班牙及美國公使，回國後閒居上海。《紐約時報》稱他為「我們那位賢明風趣的老朋友」，朱邇典則直呼其「饒舌的老傢伙」。北方代表則是出鏡率很高的唐紹儀。跟袁世凱走得很近的《泰晤士報》記者莫理循（Morrison）多次對人說：「袁世凱清楚唐紹儀的共和思想，也准許他這樣講。」 其實可以這樣理解：袁世凱是以「君主立憲」與南方討價還價，再拿南方的「民主共和」倒逼朝廷，自己好漁翁得利得到大總統的職位。因此，唐紹儀和伍廷芳成為談判桌前的不二人選。兩人確定了五條實質性的密約：一、確定共和政體；二、優待清室；三、先推覆清廷者為大總統；

四、南北將士，均不對戰爭負責；五、恢復各地秩序。

一九一一年十二月，英國商人李德立（Edward Selby Little）兩次致電大清帝國政府內閣總理大臣袁世凱，希望袁能夠來上海與南方革命黨方面的全權代表議和，並積極提供自己的府邸作為會議地址。此人曾在一九二〇年的上海工部局會議上，提出陳述添設華董的提案，呼籲接納華人董事，也因此有些社會威望。

李甚至提請袁世凱與英國駐華公使朱邇典（Sir John Newell Jordan）進行接洽。一九一二年一月十四日，袁世凱派私人祕密會見英國公使朱邇典，聲稱大清國土上大部分地區都積極贊成共和，袁本人也願意接受「這個不可改變的命運」。來人向朱邇典透露，隆裕太后會發布諭旨，宣布清帝退位，會授權袁世凱處理臨時政府工作。朱邇典其後積極為英國支持袁上臺而奔走。英國駐漢口領事葛福（Goffe）在駐華公使朱邇典的指示下，拿著和約出現在武昌，用意很明顯，把以英國為代表的外國勢力對袁世凱的支持意圖帶給南方革命黨。

一九一二年二月二十八日，英國滙豐銀行為袁世凱提供貸款兩百萬兩白銀。從四月到九月，四國銀行團和六國財團先後為袁墊款或貸款達九千餘萬兩。[48] 一九一三年四月二十六日，五國銀行團與袁政府簽訂了兩千五百萬英鎊的「善後大借款」。

48　楊天石：《國民黨人與前期中華民國》，中國人民大學出版社，2007年7月版，79頁。

第一章 維新與革命之爭

英國對華政策是由英國在華經濟利益所決定的，包括李德立的活動，反映出來的也是英國在華資產階級的需要，而非單純的個人行為。

一九一一年十一月，海軍副官蔡廷幹帶著袁世凱的密信與武昌黨人接觸，實際上是一次前往革命營壘的探底活動。曾當過黎元洪上司的蔡廷幹不辱使命，替袁世凱演了場欲擒故縱的好戲。他指出，共和政體不適合中國國情，弱化中央權威是在幫西方列強的忙。蔡極力稱讚君主立憲，皇帝不掌權，總理負責任，既穩定又廉潔。黎元洪主張必須看著清帝遜位，「予為項城計，即今反旗北征，若大功告成，總統當推首選」。宋教仁也極力稱讚袁世凱「不愧為漢族男兒。果如此，我輩當敬之愛之，將來自可舉為總統，較之現下內閣總理，實有天淵之別」。黃興更是託蔡廷幹帶信給袁世凱，「以華盛頓之資格，出而建華盛頓之事功。蒼生霖雨，群仰明公」。

汪精衛對於袁世凱，也認為「共和非公促成不可，且非公擔任總統不可」。他派人到武漢傳話給袁世凱，不如南北聯合，逼清帝退位，到時再選袁為共和國第一任總統。

十一月一日，皇族內閣總辭職，袁世凱被提名為內閣總理大臣。十二日後，袁世凱從武昌前線回到北京。據顏惠慶回憶：「袁世凱抵達北京後，滿朝文武，人心頓行安定，彷彿又恢復了元氣。這充分顯示出主政有方、處事決斷的袁世凱在朝中所享

有的不一般的威望。」

　　抵京不過三天，袁世凱就組好了新內閣，各部大臣均為親信：趙秉鈞（民政部）、王士珍（陸軍部）、胡惟德（外務部）、唐紹儀（郵傳部）、楊度（學部）、嚴修（度支部），北京局勢大為安定。其後，袁世凱忽然得到孫文被選為臨時大總統的消息，非常氣憤，馬上指使北洋四十多名主要將領聯名通電，贊成君主立憲，反對民主共和。孫中山致電袁世凱，只要逼清帝退位，便讓位於他。袁世凱一面製造輿論中國大局「非袁莫屬」，一面加緊備戰聲言要動武。孫中山也打出出兵六路北伐的旗幟。孫中山此舉很快就招致列強的反對及內部的掣肘，如與袁世凱之子袁克定交好的革命黨人汪精衛，就公開指責孫中山破壞和議。於是，孫中山停止北伐，在致伍廷芳電中要他轉達北方代表，再次強調，「如清帝實行退位，宣布共和，則臨時政府絕不食言」，一定推舉袁世凱為民國大總統。

　　在袁世凱的鼓動下，北洋新軍四十六名將領聯名致電帝國政府，反對立憲，贊成共和。隆裕太后無奈之際，只好以宣統皇帝溥儀的名義，頒發三道詔書，第一詔宣布退位，第二詔公布退位後的優待條件，第三詔勸諭臣民安於國事。

　　一九一二年二月十二日，由張謇起草、徐世昌潤筆的退位詔書公諸天下：今全國人民多傾向共和，南中各省既倡議於前，北方諸將亦主張於後，人心所向，天命可知，予亦何忍因一姓

第一章　維新與革命之爭

之尊榮，拂兆民之好惡？外觀大勢，內審輿情，特率皇帝將統治權公之全國，定為共和立憲國體。近慰海內厭亂望治之心，遠協古聖天下為公之義。袁世凱前經資政院選舉為總理大臣，當茲新舊代謝之際，宣布南北統一之方，即由其全權組織共和政府，與民軍協商統一辦法。總期海晏清河，仍合漢滿蒙回藏五族完全領土為一大中華民國，予與皇帝得以退處寬閒，悠遊歲月，長受國民之優禮，親見郅治（天下大治）之告成，豈不懿歟（豈不快哉）！欽此。

孫中山按照承諾，將臨時大總統的位置讓給了袁世凱。因為列強不承認執政的南京臨時政府，南京臨時政府也面臨著諸如經濟拮据、組織渙散等問題。辛亥革命後，同盟會的諸多成員不是主動棄官，就是認為革命已經成功，重新安排自己的生活，投入實業或選擇留學。辛亥革命中活躍的中國資產階級，最初在政治上支持君主立憲，武昌起義後，選擇了民主共和。在孫中山和袁世凱之間，很多人更願意選擇袁世凱。

最終，孫中山在袁世凱接任前提了兩個條件：一、定都南京；二、必須到南京就任總統。法制院院長宋教仁受孫中山委託起草《中華民國臨時政府組織法草案》，臨時參議院緊急為袁世凱量身定製了一部《中華民國臨時約法》。作為一部憲法，它是成功的，規定了當今世界依舊熱衷的「人民有言論、出版和結社的自由」等民主權力；作為政治鬥爭的工具，它將總統制臨

時起意地改成了內閣制，用於限制袁大總統將來的權力，這樣的打算最終還是落空了。

宋教仁力主堅持責任內閣制，規定臨時大總統公布法律及政令，須經閣員附署，明確限制總統權力。不久，又以《鄂州約法》、《臨時政府組織大綱》為基礎，制定了《中華民國臨時約法》。三月十一日，由孫中山以臨時大總統名義正式公布了《臨時約法》。

《臨時約法》摒棄了孫中山一貫主張的民主共和模式，採取了宋教仁式的自由共和理論框架──責任內閣制，「採法國制，參議院為最高之機關，而國務院為責任之主體」。具體而言，責任內閣制通常設有內閣，由總理和總長組成；內閣由議會產生，並由議會中占多數席位的一個政黨組成，或幾個政黨聯合組成；內閣對議會負責，受議會監督，議會可決定內閣去留。

山西革命別樣的感動

閻錫山早年留學日本，在他周圍的中國留學生中間，逐漸匯聚起一部分資產階級革命思想的擁護者和宣傳者。閻錫山在東京除學習專業知識外，還參與了革命黨人的一些活動。

一九〇五年七月，孫中山從歐洲來到日本，準備與黃興等人籌組全國統一的革命黨。八月十三日，東京華僑和中國留學生一千三百多人專門舉行盛大集會歡迎孫中山。會上，孫中山

第一章　維新與革命之爭

作了一篇批駁保皇派反對革命謬論的長篇演講。孫中山的思想對閻錫山產生了強烈震動。閻錫山在多年後曾多次提道：「中山先生以先知先覺的德慧，高瞻遠矚的眼光站在時代的前面，領導革命，遂能一呼萬應，全國同心，不久實行推翻滿清，建立民國。」閻錫山曾多次前往拜謁、請教孫中山，經過幾次晤談，閻成為中山先生三民主義的忠實信仰者。

一九〇五年八月二十日，中國第一個資產階級革命政黨 —— 中國同盟會在日本東京正式成立。當時許多留日學生踴躍加入，入會後的閻錫山還介紹了趙戴文、康佩珩、趙之成、徐翰文等山西籍同學加入。

孫中山、黃興親自為留日學生爭取，並在同盟會內部祕密組建了軍事幹部組織 —— 「鐵血丈夫團」，吸收同盟會中特別積極的分子，予以專門的培養和訓練。「鐵血丈夫團」成員中山西籍人士就有閻錫山、溫壽泉、喬煦、張瑜四位，占總人數的七分之一。

一九〇九年四月，閻錫山畢業回國，進入山西陸軍小學堂任教官。與他同期回國的溫壽泉被安排在山西大學堂任兵學教官，張瑜、馬澤崧、李大魁等同盟會員被分配到山西陸軍督練公所任教練員。三個月後，閻錫山因訓練成績優秀升任陸軍小學堂監督（校長）。在革命處於艱難之秋，閻錫山認為革命黨人要掌握兵權，就得實實在在深入基層策動革命活動。

　　一九〇九年十一月，大清政府陸軍部召集各省士官學生舉行會試，閻錫山名列上等，被賞給步兵科舉人，並授予副軍校的軍銜。另外，溫壽泉名列優等，被賞給砲兵科舉人，並授予副軍校的軍銜。其後，帝國陸軍部發出了由帶過新軍的人來充任協統以下軍官的指令，正好為閻錫山等歸國學生擔任新軍領導職務提供了方便。

　　同盟會成立時，同盟會山西支部有山西留日學生一百多人。其間，同盟會員王用賓、景定成等人在太原先後創辦《晉陽白話報》、《晉陽公報》，進行革命理論的宣傳。特別是《晉陽公報》多透過揭露大清地方官員的不法行為，來獲取社會輿論對革命的支持。《晉陽公報》與山西革命黨人景梅九在北京所辦的《國風日報》互相呼應，成為山西革命宣傳動員的有力武器。甚至利用報導交文慘案，使山西巡撫丁寶銓和第二標標統夏學津被調任，給予閻錫山接任第二標標統的有利機會，有利於山西成為北方第一個響應辛亥革命的省分。

　　一九〇二年，山西編練新軍時，同盟會安插了不少會員進入新軍，因而山西新軍成為革命黨人發展力量的重要渠道。

　　一九〇九年十二月，山西新軍經陸軍部編定為暫編陸軍第四十三協（旅），下轄第一標、第二標，統歸山西督練公所指揮。協統姚鴻發，標統為舊式軍官齊允和馬增福。陸軍部的指示發布後，溫壽泉被任命為督練公所幫辦兼陸軍小學堂監督，

黃國梁、閻錫山分任兩標教練官（相當於現在的副團長）。

不久，姚鴻發調山西督練公所任總辦，總管全省兵事，第四十三協統由譚振德接任。譚接任後根據陸軍部指令，第一標改稱第八十五標，標統齊允；第二標改稱第八十六標，標統為夏學津。夏學津作為山西巡撫丁寶銓的心腹，頗得舊官僚們的倚重。革命黨人為了取得兵權，閻錫山等設法謀劃開展了與夏、齊的鬥爭。夏調任後，閻錫山接任了第八十六標標統。

閻錫山先後推薦同盟會會員常越任第八十五標教練官，南桂馨任八十五標軍需官，馬開崧任八十六標教練官，喬煦任第一營管帶（營長），張瑜任第二營管帶。新舊軍力量對比已經形成新強舊弱之勢。山西新軍計有一個混成協（旅），下轄兩標，共四千人，都駐防太原，大部分將校不是同盟會員就是閻錫山的同學。舊軍共有十三個營，四千人左右的兵力，駐紮在省城太原的只有三個營。

為了進一步發動軍隊，控制新軍，做武裝起義準備，閻錫山徵集了擁當於全協人數十分之六的山西農工青年入伍。閻從兩標中挑選優秀士兵各自成立一個模範隊作為起義的骨幹，安排同盟會員王嗣昌、張德榮擔任模範隊隊長。革命勢力積極在基層官兵中發展組織。

武昌起義後，面對各省紛紛響應的形勢，山西巡撫陸鐘琦立即召集督練公所總辦姚鴻發和協統譚振德等高級官員，調巡

防隊兩旗到太原守衛巡撫衙門和彈藥庫等要害部門，同時計劃把不夠安全的新軍第八十五標調往永濟、第八十六標調往大同。

同盟會核心成員閻錫山、張瑜、溫壽泉、喬煦、南桂馨等緊急商討對策，集體決定提前在太原發動起義。同時決定挑選三十名勇敢善戰的士兵組成先鋒隊，由楊彭齡率領，張煌帶左隊緊跟在後，進攻巡撫衙門。這天半夜，八十五標二營管帶姚以价召集兩營官兵，並以「不當亡國奴」的革命理論做宣傳，首先在狄村營房大操場宣布起義。起義軍順利進入城內，第一營直撲滿族集中居住的新滿城（今新城街），第二營向巡撫衙門挺進，並很快攻占衙門。得知八十五標已經起義後，閻錫山急派傅存懷等帶兵到子彈庫領取子彈，並宣布第八十六標兵變，派第二營排長陳錦文守護軍裝局，第二營前隊（模範隊）排長張培梅、右隊第三排排長金殿元率隊到撫署西北酒仙橋，派右隊隊官王纘緒、後隊隊官吳信芳率部到撫署東北小二府巷，驅散了駐在那裡守護撫署的巡防馬隊。閻錫山本人則親臨攻打新滿城的前線督戰，太原城守尉增禧繳械投降。至此太原起義即告成功，大清帝國在山西的封建專制統治從此結束。

太原起義後，雁北各地人民紛紛響應。同盟會員續桐溪、弓富魁等在五臺縣東冶鎮起義，組成「忻、代、寧公團」，續桐溪擔任團長，所部三千人，連克繁峙、應州、懷仁，所過之處，勢如破竹，於十二月五日抵大同。同盟會員李德懋、劉幹

第一章　維新與革命之爭

臣等早在一九〇七年就在大同進行革命宣傳活動，一九一〇年正式成立了支部。太原起義後，大同附近各州縣農民紛紛揭竿而起，駐紮大同的大清帝國總兵王得勝派兵四出鎮壓。革命黨人劉幹臣、宋世傑、李國華等趁城內空虛之際，於十一月三十日夜晚發動起義，一舉占領全城，其後成立大同軍政府，推舉李德懋為都督，李國華、劉幹臣為副都督。軍政府成立後，積極編練民軍，準備防禦帝國政府軍隊反攻，同時派人向忻代寧公團和太原請求援助。以後不久，袁世凱派郭殿邦指揮毅軍和淮軍各一部圍攻大同，大同軍民在續桐溪的指揮下堅守四十餘日，最後撤出。

山西是辛亥革命中局勢比較混亂的省分。革命時獨立，旋又被北洋軍奪取。武昌起義後，山西同盟會員即行響應。孫中山先生在一九一二年九月光臨太原時說：「武昌起義不半載竟告成功，此實山西之力。」盛讚山西起義斷絕南北交通，功勞巨大。[49]

山西宣布獨立的同一天。北方灤州駐紮的北洋新軍第二十鎮統制張紹曾，聯合第三鎮統制盧永祥、第二混成協的協統藍天蔚等聯名向帝國發出電報，要求立即召集國會，重新選舉內閣，「皇族永遠不得充任內閣總理大臣和國務大臣，國事犯之黨人一律特赦擢用」，「灤州兵變」發生了。在灤州新軍的壓力下，帝國政府在下「罪己詔」的同時頒布了《十九信條》（憲法草案）。

49　閻錫山：《閻錫山回憶錄》，三晉出版社，2012 年 1 月版，45—50 頁。

　　帝國政府命令駐防保定的北洋第六鎮統制吳祿貞，率領所轄第十二協出兵石家莊，並伺機向山西進攻。吳祿貞，字綏卿，湖北雲夢人，早年參加自立軍起義，中國留日第一期士官生，一九〇二年回國後先後擔任武昌普通學堂會辦、北京練兵處軍學司訓練科馬隊監督等職。一九〇三年，吳進入日本士官學校二期。一九一〇年，吳擔任北洋第六鎮統制之時已是革命黨人。武昌起義後，第六鎮第十一協被調往湖北，吳請求隨軍南下並伺機發動兵變，此請被陸軍大臣廕昌駁回。吳祿貞、張紹曾、藍天蔚作為士官同學，一直以來就志同道合。武昌起義後，吳祿貞祕密聯絡北洋第二十鎮統制張紹貞等人預謀發動華北革命。帝國政府在「灤州事件」後派吳祿貞赴灤宣慰，借助此次機會，吳在灤軍中宣講革命，軍兵為之感動。[50]

　　其後，帝國政府又派出吳祿貞出兵石家莊。吳乘機在山西民軍駐地祕密會晤山西都督閻錫山，並定下組建燕晉聯軍截斷京漢路，揮師北上的計畫。十一月二日，吳祿貞截留了北洋軍運往湖北的軍火，並要求漢口停戰。帝國政府任命吳祿貞署理山西巡撫，試圖先安穩住吳。這時，因為北洋勢力入湖北鎮壓革命，京津並無重兵防守，如果夾擊北京計畫成功，帝國政府無疑會面臨頃刻瓦解的危險。

　　儘管士官三傑吳祿貞、張紹曾、藍天蔚手握重兵，也並非

50　閻錫山：《閻錫山回憶錄》，三晉出版社，2012 年 1 月版，45—48 頁。

順風順水。吳祿貞統帶的北洋第六鎮、張紹曾的第二十鎮以及藍天蔚的第二混成協都系北洋部隊，軍官出自北洋，還有淮軍的影子，士兵都是北方的農民，官兵思想保守，受到袁世凱的影響很深。

十一月七日，吳祿貞被刺殺身亡，其他兩人，張紹曾調任長江宣撫大臣，藍天蔚在袁世凱的苛責下出走，後出任關外革命軍大都督。灤州起義迅速被鎮壓，燕晉聯軍計畫失敗。年輕時代的馮玉祥受革命思潮影響曾參與過灤州起義，起義失敗後，召集者王金銘、施從雲、白雅雨等人被害，馮本人也被開除軍籍，遞解回籍。後遇前長官陸建章才意外獲釋並被啟用。

十四日，帝國政府任命張錫鑾為山西巡撫，命北洋第三鎮曹錕部由奉天入關，準備攻取山西。十二月十三日，民軍在娘子關防衛失手，為保存革命力量，太原革命軍分兵南北。其中，北路軍在閻錫山統領下退兵歸綏、包頭。

第二章　中國現代化的方向

第二章　中國現代化的方向

紛紛攘攘的風景

　　辛亥革命誕生了南京臨時政府，這是中國人沒有想到的。

　　在宣布獨立的各省中，有三種影響政治的力量。舊有統治勢力，以督撫為代表，曾一度處於渙散境地，面對革命聲浪的衝擊往往不戰而逃，在西方勢力無法極力東顧給予他們支援之時，雖經挫折卻沒有受到毀滅性打擊。經歷改頭換面還是處於社會的支配地位。對於地方工商業者，除了上海由於工商業階層實力強的原因，主動參與了光復上海的行動外，一般情況下各地工商業者只是給予革命財力物力上的支援，協助維持社會治安。對青年學生、教師、記者等知識分子來說，他們投身到宣傳的行列中，但缺乏依託，難以深入到社會政治革新中。

　　一九一一年，十月十一日湖北方面推舉黎元洪為都督，十七日制定了《中華民國軍政府暫行條例》，建立起湖北軍政府。《民立報》社論評價：「砲聲隆隆，一勝一負之結果人人共知。」革命迅速向華東和華南擴展。面對革命大勢，各地新軍紛紛透過暴動取得勝利，參與革命的大多數為中下級官兵，由於缺乏社會聲望和管理地方的經驗，往往要尋找立憲派人士中有身分的人作為地方上的依託，參與到權力重構的政治決策中。

　　十一月七日，上海光復。上海，作為立憲派的大本營，人煙輻輳。作為中國第一大都市，又有著與外國勢力千絲萬縷的聯繫。十一月十一日，滬軍都督陳其美、江蘇都督程德全、浙

江都督湯壽潛聯名倡議，在上海設立「臨時會議機關」，要獨立各省各派代表一人常駐上海。這一時間陳其美、程德全、湯壽潛組建江浙聯軍成功，準備攻打南京。十一月十五日，七省代表在上海率先成立各省都督府代表聯合會，並邀請武漢方面派代表出席。武昌軍政府都督黎元洪認為武昌是首義之地，堅持各省代表到武昌成立臨時政府。

各省代表會議倡議代表們齊集上海，商討選舉中央臨時政府的事情，這在清末中國是破天荒的事情，誰不在想像建國後自己省分的位置靠前一些，所以在哪裡開會就成了不是問題的大問題。

各省代表由起義各省組織選出，都是各省活躍的頭面人物。有宋教仁、蔡元培、章炳麟、林森等革命黨人，也有林長民、湯爾和這樣的立憲派名人，他們都是接受西方代議制的新式人物，但在籌建一個中央政府上，意見還是很不一。

武昌首義後的南方革命軍出現了武昌、上海（南京）兩個中心的局面。在武漢戰事正激烈之際，黃興、宋教仁等人都在武漢。湖北代表動議，英國領事在漢口主張南北停戰，以此應該由首義省分的鄂軍政府為中央軍政府。在漢口開會名正言順。上海的代表聯合會同意中央軍政府暫設武昌，湖北都督執行中央政務，代表聯合會移師武昌，但仍留一部分人在上海，擔任聯絡、宣傳工作。革命黨人擔心大權落到湖北，何況黎元

洪是怎樣委曲求全才當上了都督。加上湖北戰事失利，漢口一場大火把街道商埠，連同曾經的繁榮燒了個精光。即使黃興擔任了作戰總司令，也難以扭轉軍事不利的局面。於是留在上海的代表重新推舉黃興為大元帥，黎元洪為副元帥。湖北方面自然不願意失去首義成功的優勢，與上海都督陳其美爭個熱鬧。

　　十一月二十二日，南京城外的新軍第九鎮統制徐紹楨會同陳其美、趙聲等人圍攻南京，十二月二日成功破城。代表們又移師南京，並號召各省代表盡快集結南京。十二月七日，在黃興的提議下，代表們投票將黃興和黎元洪的位置調換過來，黎元洪出於客氣沒有到南京就職，而是委託黃興全權組織政府。[01]

　　一九一一年十二月二十一日，孫中山從美國抵達香港。二十五日，孫先生到達上海。原來意見不一的各省代表，在革命黨人的積極支持下，十七省代表中有十六票將臨時政府總統的選票投給了孫中山，副總統黎元洪全票當選。二十九日，新政府決定在政體上採用美國總統制。

政黨政治的嘗試

　　十七世紀，政黨最早出現於英國，十八世紀末十九世紀初，英國的黨派政治已趨向成熟，到二十世紀前後，政黨政治在歐美各國已成為一種國家政治主導因素。當大清帝國在依賴

01　張鳴：《辛亥：搖晃的中國》，廣西師範大學出版社，2011年1月版，286—287頁。

新軍作為最後稻草的企圖塌陷後，建立一個西式的共和政府成為民族資產階級的一時首選。辛亥革命後，西方社會學說大量湧入，近代中國似乎一下子進入到政黨政治時期。大清帝國倒臺後的權力缺失，使政黨政治成為當時社會的熱點，政黨蓬勃興起成為一種必然。

立憲派梁啟超認為現代政治就是政黨政治：以政黨抵抗暴政，則暴政絕跡而不幸；以政黨代表民情，則民情無微而弗達。「故文明之國，但聞有無國之黨，不聞有無黨之國。」[02]

民國初年的政黨作為中國最早出現的政黨，仿照了西方資產階級政黨的模式。存在很多不足，呈現出一種病態的表現：黨派林立、黨爭不休、黨中見黨、派復有派。北洋軍閥和革命派都有軍隊力量作為依靠，彼此主張鮮明對立，而立憲派則傾向於左右逢源。

由於無組黨限制，一時政黨及政治團體爭奇鬥豔，有從革命黨中分化出去的，有原立憲黨人建立的，也有直接為北洋軍閥所御用而成立的。

據有關資料統計，從一九一一年至一九一四年國會解散的三年多時間裡，全國公開活動的各種會黨多達六百八十二個，其中從事政治活動的黨派為三百一十二個。除同盟會外，當時的政黨還有共和黨、民主黨、統一黨、自由黨、統一共和黨、

---

02 閆小波：《中國近代政治發展史》，高等教育出版社，2003 年 8 月版，143 頁。

中華社會黨、中華進步黨等。

　　林林總總的政治派別中，兩大派別可謂鬥得正熱烈：一是以孫中山、宋教仁為首的國民黨，成員多為革命志士，強調民權，反對專制，以實現「共和」為最高理想。另一派是以梁啟超、湯化龍、黎元洪為首的進步黨（民主、共和、統一三黨合併），成員以原立憲派為主，也曾與革命派有過一定程度的合作，也擁護民主共和制度，與舊官僚集團關係較深。湯化龍（西元一八七四至一九一八年），字濟武，湖北蘄水（今浠水）人。民國時期政治家、法學家。早年留學日本學習法律。一九〇八年回國，任湖北諮議局議長。一九一一年十月武昌起義後，參與成立湖北軍政府並先後擔任政事部部長、編制部部長。一九一三年當選民國首屆國會眾議院議長。曾與黎元洪、梁啟超組建進步黨。一九一六年國會復會，湯復任眾議院議長。袁世凱執政後，一九一二年四月上旬，南京臨時參議院遷至北京，五月一日完成了新舊議院的交替，共選出一百一十八名參議員，他們基本上都是由各省都督所派遣的。此時，在臨時參議院內同盟會與共和黨各占四十個席位，作為第三大黨的統一共和黨擁有二十席位。八月二十五日，宋教仁促成同盟會與一系列的小黨合併改組成國民黨。《國會選舉法》及議員名額分配方案公布後，各黨在全國各地籌備競選活動。

　　競選中的國民黨所向披靡，據李劍農統計，國民黨在兩院中共獲得三百九十二席，較共和、統一、民主三黨的總和還多

一百六十九人。

一九一三年四月八日，新一屆國會開幕，原來的臨時參議院宣告解散。兩院議員多為社會知名人士受過新式教育，其中，有一百七十人曾擔任過清末諮議局的議員，一百五十人出身帝國官吏，一百零六人出身教育界。

國會成立不久，黨爭即開始。國會內以國民黨為一派，以進步黨（民主、共和、統一三黨合併）為一派，圍繞著宋教仁案、大借款案、憲法起草案等問題，展開了激烈的黨爭，議會議員們慷慨激昂、據理力爭，熱鬧程度絲毫不亞於歐美各國議會。袁世凱曾經力圖淡化民國政府與南京臨時政府的法統聯繫，畢竟還是要按照南京臨時政府參議院的決議行事，包括成立統一政府。即使千方百計也還是斬不斷與南京臨時政府的聯繫，承認了臨時政府的合法性地位。

新國會在其運行時往往被人控制，經受磨難直到陷於癱瘓。為了使自己的權力盡量擴大，袁世凱使出了一系列的卑鄙手段。首先，他先是將共和黨、民主黨、統一黨合併成進步黨以對抗國民黨。後利用高壓手段，將國民黨分化為五個政團。強求議員於定憲法之前先定總統。隨著議員被收買，控制了內閣的袁世凱先是下令解散社會黨和一切「煽亂」的政黨，不久又下令解散國民黨，後來乾脆解散了國會。成立專門機構修改約法，發表《中華民國約法》（俗稱「袁記約法」），廢除責任內閣制，改行總統制，還使自己由任期總統成為終身大總統。

第二章　中國現代化的方向

民國初年的政黨政治徹底破產。各個國家採取哪種發展模式，要視其具體的歷史背景和現實語境而定。近代中國制度變遷面臨的環境，既不存在英美國家的「自發秩序」，也不存在德、日強有力的中央集權。近代中國的制度注定要走第三條道路。

民國初年，中國民族資產階級在政黨政治運作上放棄外爭民族獨立，內謀經濟發展、國家統一與社會進步的長遠目標，而把主要精力放在爭奪國會和內閣席位上，從而在政黨政治的運作中釀成了嚴重錯誤。

在半殖民地半封建社會的特殊政治環境下，政黨與軍閥、議會與專制，原本互相排斥的東西，相互妥協、相互滲透，竟然相對「和諧」地統一起來。很顯然，這與當時中國民族資產階級的附庸地位有直接的關係，資產階級也因此成不了制度變遷的主導力量，更不用說讓他們掌握強有力的中央權威去推動制度變遷。

辛亥革命沒有也不可能從根本上改變人們心中根深蒂固的對傳統文化的共享信仰。黨派利益與個人利益更是左右著政客們的情感傾向，因而模糊了對政治權威的理性建構。儒家文化中的忠君觀念仍很頑強。人治觀念也很難向法制觀念轉變，缺乏規範認同。

中國的新興市民階層不斷成長和發育，資產階級有了透過參與政治來維護自身利益的衝動，那樣中國政黨就會像西方政

黨一樣。政黨本身不是一個單純的利益集團，而是具有某種政治目的的聯合體。[03]「政黨之於立憲政治，猶如鳥有兩翼。非有立憲之說，則政黨不能興；若立憲之政無政黨興起，亦猶鳥之無雙翼耳。」[04]

如果說政黨政治的主要功能在於協調和穩定社會秩序，特別是政治秩序，那麼議會就會成為一種媒介和途徑。

議會請你站在紅線外

一九一二年，民國元年產生了國會。先是一九一二年三月十三日，唐紹儀出任國務總理並組閣。因為不同意袁世凱的專斷，唐紹儀又不願意成為一個傀儡，所以於六月提出辭職。其後原屬同盟會的蔡元培（教育）、王寵惠（司法）、宋教仁（農林）、王正廷（工商）聯名辭職，引起了民國政治的第一次危機。其後外交總長陸徵祥組閣失敗，最後內務總長趙秉鈞出任國務總理。

其後，宋教仁成功地將同盟會與統一共和黨等四個小黨合併為第一大黨，這一年十二月在國會大選中國民黨大勝，宋教仁成為國會多數黨的領袖。宋正準備離開上海北上，雄心勃勃做一番議會政治，一九一三年三月二十日在上海火車站被刺，

03　馬勇：《大變革時代：1985—1915 年的中國》，經濟科學出版社，2012 年 12 月版，227—229 頁。

04　〈政黨論〉，《時務報》第 17 冊，中華書局，1991 年版。

兩日後身亡，年僅三十一歲，一顆政治新星隕落了。國民黨與北京政府反目，孫中山、黃興發動的「二次革命」不久失敗，孫、黃二人流亡海外。

清末為籌備「立憲」，帝國政府在宣武門內象房橋東（今天的宣武門西大街）的法律學堂（建於一九〇五年）原址上設資政院，民國後改臨時參議院。在法律學堂東邊是大清帝國度支部擬建的財政學堂，國會眾議院就利用財政學堂原址建築，又在一九一三年建成一座（眾議院議場）國會議場。整個構成了民國國會建築群。

一九一三年四月八日，國會正式開幕，地點設在原財政學堂。第一屆國會，模仿美國而來，因此採用了兩院制，參議員共有兩百七十四人，眾議員五百九十六人。參、眾兩院合計共有議員八百四十一人。而在國會成立前，臨時參議院發揮了國會的作用，中華民國第一屆臨時大總統孫中山，和第二屆臨時大總統袁世凱就是臨時參議院選舉產生的。議員們首先公推議員中年事最高的雲南參議員楊瓊為臨時主席，此後數月內依法進行了議會議長選舉和中華民國大總統選舉。經選舉產生了國會全院委員長林森，參議院議長張繼，副議長王正廷，眾議院議長湯化龍，副議長陳國祥。

袁世凱拿了外國的一筆大借款，按理說要先得到議會審議通過，可袁要先簽字再說，事後由陸軍總長段祺瑞出面回應議

會的質疑，最終參、眾兩院也通過了，議員們也沒有膽量對袁大總統的非法行為提出彈劾。

　　袁總統安撫了「二次革命」後，並沒有同意國民黨議員的離開，當時國民黨籍議員約占百分之四十五左右，是國會第一大黨。袁世凱抓住國會這一手心裡的政治工具，急急忙忙逼國會先選出總統，再來定憲法，先讓自己由臨時大總統轉正了。選舉當天由軍警化妝的公民團把國會圍得水洩不通。議員們飢腸轆轆才勉強把總統選出來。之後，收繳國民黨籍議員的證件，將他們趕出北京。從此國會因達不到法定人數，而暫停了三年。

　　一九一八至一九二〇年，成立了第二屆國會，即所謂「安福國會」。一九一七年復辟之役後，七月十四日，黎元洪通電引咎辭職，推副總統馮國璋繼任大總統。段祺瑞以舊國會不良，斷不能恢復，試圖效仿辛亥革命先例，召集臨時參議院，重定國會組織法及選舉法，再行召集新國會，即所謂「再造共和」。十一月十日，臨時參議院舉行開會式。十四日，選舉陸軍上將王揖唐為議長，那彥圖為副議長。參議院議員定額由兩百七十四人減至一百六十八人，眾議院議員定額由五百九十六人減至四百零六人。參議院議員由地方選舉會選出一百三十八人，其中二十二行省，每省五名，川邊及京兆、熱河、察哈爾、綏遠特別行政區各一名，蒙古十五名，青海兩名，西藏六名；由中央選舉會選出三十名。至一九一八年八月十二日第二

屆國會成立，臨時參議院解散。

　　第二屆國會議員的競選，仍多有暴力、金錢賄賂等不法行為被報導。參議員資格限制縮小了範圍，方便了特殊人物當選。最為嚴重的是，為控制操縱選舉，王揖唐等人於三月八日成立安福俱樂部，使國會淪為派系的政治鬥爭工具，利用國會招牌籌集巨款，公然賄買賄賣。引起西南廣東、廣西、雲南、貴州、四川五省的一致反對，湖南、湖北、福建等省因戰亂未及籌備，實際如期辦理選舉的僅十四省及由北京政府選派的蒙藏青海議員，共選出參議員一百四十三人，眾議員三百二十七人，兩院合計四百七十人。其中，安福系議員三百三十餘名，超過三分之二多數，完全控制國會。交通系，有議員百餘名。再有新交通系、討論會系、研究系，所占議席都很少。

　　一九二〇年七月爆發直皖戰爭，戰後直系聯合奉系控制北京政權，段祺瑞辭職。八月，大總統徐世昌宣布解散安福國會，並籌備新新國會的選舉。新新國會由於沒能按規定人數成會，成為一屆流產的國會。一九二二年五月，直系在第一次直奉戰爭中取勝，控制北京政權。六月二日，徐世昌在曹錕、吳佩孚的逼迫下，自行宣告解除大總統職。十一日，黎元洪到北京，通電暫行大總統職權。十三日，黎元洪下令撤銷一九一七年六月十二日的解散國會令，再度恢復第一屆國會。新新國會即告徹底流產。

議會請你站在紅線外

　　一九二五年四月二十四日，段祺瑞正式下取消法統令。民國國會終於消失。民初國會制度短短十三年，代議制、人民選舉、多黨競爭的形式，曾成為部分國人心目中的黃金時代。只是民國國會除了選舉了總統，黨爭嚴重成為常態，其他的事情都沒怎麼做成。議會政治的關鍵在於排斥武力，訴諸議會政治，使軍隊轉變成為國家政權的工具。

　　國會制度下無論是總統制還是內閣制，其根本原則在於分權。當時的中國，唯一擁有軍權和行政權的只有袁世凱，但袁世凱的威望沒有那麼高，中國的憲政之父宋教仁被刺，袁世凱生怕國會實行內閣制後自己會被架空，於是袁必然走向與國會爭鬥和獨裁的路線，直到稱帝逆亡，於是國家元首成為軍事強者的盤中物。共和時代，從一開始議會便於北洋軍人似乎不合，「二次革命」、護國戰爭、護法戰爭，只要是反對北洋政府的都有議會的影子。國會正是因為會成為軍閥獨裁權力的限制，於是國會屢屢被解散也就成為必然。在民主政治遭到武力侮辱之後，進行所謂的英勇頑強的「反袁」鬥爭，中國近代武力革命不斷上演。

　　後來，梁啟超也從國民性方面分析了國會的失敗，「我們中國人的最大缺點，在沒有組織能力，在沒有法治精神」。他認為歐美人十個人合起來，力量就增加十倍，「中國人不然，多合了一個人，不唯力量不能加增，因衝突掣肘的結果，彼此能力

相消，比前反倒減了。合的人越來越多，力量便減到零度」。
梁啟超一針見血地說：「國會省議會，天天看見第幾條第幾項的
在那裡議，其實政府就沒有把它當一回事，人民就沒有把它當
一回事，議員自身更沒有把它當一回事。」梁啟超認為人類的開
化依賴於共同生活，總有一天會讓中國人覺得缺乏良好的合作
組織就沒有辦法生存。如果不把組織的良能重新激發出來，就
不會在行動中表現出來。對於解釋何為組織的良能？梁啟超說：
「只法治精神便是了。」[05]

談民主路途遙遠悠長

戊戌變法失敗後，中國人在民族危亡，面臨瓜分豆剖的命
運重壓下，選擇了革命。給予人民自由選擇國家的權利，這就
是民主，中國革命所要解決的基本問題之一。

一九〇五年，同盟會成立之際，孫中山曾不無感慨地說：
「鄙人往年提倡民族主義，應而和之者特會黨耳，至於中流社會
以上之人，實為寥寥。」孫中山提出的綱領是帶有共和制度要求
的民主主義。他直接提出「群眾生活及群眾鬥爭問題，熱情地同
情被剝削勞動者，相信他們是正義的和有力量的。」[06]

一八九七年九月，孫中山強調「人民自治是政治的極則」，

05　梁啟超：《歐遊心影錄》，商務印書館，2014 年 8 月版，38—41 頁。

06　〈對華戰爭〉，《列寧選集》第一卷，人民出版社，1995 年版，278—279 頁。

提出共和是中國國民的需求。共和政治主張國家元首由國民選舉，元首對國家和國民負責，國民有監督國家公職人員的權利，法律面前人人平等。「共和政治的本質在於用法治代替人治，以民主代替專制。」[07]

孫中山政治民主化的核心就在於推翻封建專制政體，建立民主共和政體。就政治而言，民主共和體制實質上是和平的議會政治、政黨政治，各政黨都可以透過議會進行合法的遊說、辯論，以引導和爭取議會多數。袁世凱身為合法的總統，事實上也沒有遵守民主憲法所賦予的義務和權力，只是憑藉武力消滅政治上的對手，並利用合法總統的身分命令國家機器謀取個人政治私利。民初的政治家們都沒有遵守民主政治的所謂遊戲規則，成為民國初年政治黑暗的根本原因，也是新文化運動的旗手們試圖從文化上解決中國問題的背景。

袁世凱主導下的中華民國沒有沿著南京臨時政府的思路走下去，更沒有接納孫中山的五權憲法、三民主義、軍政訓政憲政階段理論。在一定程度上延續了清末十年憲政改革的成果。接著君主立憲的思路，將各省諮議局改造成議會，將巡撫或都督改稱省長，將中央資政院改稱國會，政府首腦過去對皇帝負責，現在對議會負責。[08]

07　林家有：《孫中山與中國近代化道路研究》，廣東教育出版社，1999 年 11 月版，368—369 頁。

08　馬勇：《百年變局》，中國工人出版社，2015 年 11 月版，252 頁。

第二章　中國現代化的方向

　　再談到晚清新政，一九〇六年轉化為預備立憲，所有主張立憲的人都在談論集會、言論、出版。沒有言論、出版自由，不可能實行憲政。根據這些原則，晚清帝國在最後幾年裡相繼頒布了幾個法規：一九〇六年頒布了《大清印刷物專律》、《報章應守規則》；一九〇七年頒布了《報館暫行條規》；以及一九〇八年的《大清報律》和一九一一年的《欽定報律》；這些律條大致構成了晚清新聞出版法律體系。

　　所以此時頒布的幾部法律，明確為報館劃出自由言論的邊界：一是不能輕易、輕浮議論宮廷。這也是一般憲政國家的共同準則。二是不得立論怪異，不得妖言惑眾，歪理邪說。三是不得有意攻訐，製造事端。四是不得寫有償新聞，妄受賄賂。

　　袁世凱當初贊成共和，並不等於他真的擁護共和，而是追逐總統的一種權宜之策。他本人信奉君主立憲，想要求部下及全國人民全都擁護君主立憲。美國人古德諾（Goodnow）〈共和與君主論〉的文章更是證實了中國「大多數之人民智識，不甚高尚」，「中國如用君主制，較共和制為宜」的說法呼之欲出。日本人有賀長雄為袁世凱上了一道名曰〈新式國家之三要件論〉的條陳，認為中華民國不具備實行「新式共和制」必須具備的條件。楊度（西元一八七五至一九三二年），湖南省湘潭縣人，原名承瓚，字皙子，別號虎公、釋虎。清末反對禮教派的主要人物之一。戊戌變法期間，他接受康有為、梁啟超等改良

派的維新思想，反對帝國主義。光緒三十二年（西元一九〇六年）主編《中國新報》，發表〈金鐵主義說〉，主張君主立憲。從清末到民初，楊度始則反對共和革命，繼則參加袁世凱的復辟活動。他的君主立憲救國理論在實踐中陷入破產境地。「籌安六君子」中有五人對復辟帝制不遺餘力。特別是楊度，他相信袁世凱能做到德國威廉一世和日本明治天皇的樣子。他一直都認為中國不適宜共和，在他的〈君憲救國論〉中宣揚中國民眾素養低下，「非君主不足以定亂，非立憲不足以求治」，只有帝制才能拯救中國。

一九一四年，陳獨秀寫信給章士釗說：「國政劇變，視去年今日，不啻相隔五六世紀，革命已完全失敗，曾經讓人無限嚮往的共和理想，已成鏡花水月。」

一九一五年，袁世凱生怕章太炎先生反對他的皇帝夢，將章太炎幽禁在北京龍泉寺，僅弟子錢玄同可以隨時進見。袁世凱每月供給生活費五百元，僱廚子一人、聽差兩人以供侍奉。袁世凱任命梁啟超為司法總長，隨後又任命其為幣制局總裁。這兩個領域，需要改革更需要人才，只是袁世凱給不了也不會同意梁啟超想要的司法獨立，梁啟超面對幣制的混雜也顯得無能為力。

梁啟超，這時也痛心疾首地寫文章說：「大抵愛國之義，本為人人所不學而知不慮而能，國民而至於不愛其國，則必執國

命者厝其國於不可愛之地而已，譬諸人孰不愛其身，而當顛連
困橫疾痛慘怛之既極，則有祈速死者……」[09]

　　中國的問題只談變更國體，不談建立健全的政體，那麼無
論是共和制還是君主制，國家都是好不了的。一九一三年五
月，袁世凱解除了國民黨籍都督的職務，用殘酷的武力鎮壓
了「二次革命」。一九一三年四月，袁世凱獲得兩千五百萬元
的「善後大借款」。從此，外國銀行團主導了中國的部分國家
利益。外國人在中國政府任監督，鹽政被置於外國控制之下。
袁世凱還向外國人出讓了駐路與採礦的特許權。袁世凱用這些
錢發放軍餉給自己的軍隊，安頓他的政府。從此也使袁氏走上
了一條追求皇帝之路。梁啟超發表〈異哉所謂國體問題者〉一
文，激烈批駁袁世凱以君主立憲之名，行帝制恢復之實，對民
國以來的政治現實進行了尖銳的批評。同年九月，梁啟超在寫
給女兒的信中述說著自己的不能忍。袁世凱為此曾派人為梁啟
超送去二十萬元，希望他毀掉該文。梁啟超將錢原封送還，聲
稱：「就令全國四萬萬人中，三萬九千九百九十九人皆贊成（帝
制），而梁某一人斷不能贊成也！」[10] 這篇文章一經上海《大中
華》月刊刊登，《申報》、《時報》等大報迅速轉載，引發了激
情磅礡的護國運動。

09　梁啟超：〈痛定罪言〉，《梁啟超全集》，北京出版社，1999 年 7 月版，2776 頁。

10　吳貫因：〈丙辰從軍日記〉，《梁任公先生年譜長編初稿》第七冊，上海人民出版
　　社，1983 年版，737 頁。

中西文化的激盪和交融

早年推崇西方文明，晚年又重新回歸孔孟思想的大思想家嚴復認為，中國近代社會的病症並非由帝國主義完全造就，其困境與落後百分之七十來自「內弊」。嚴復的認知清醒而深刻。

中西文明是兩種體制與結構完全不同的文明，中華文明不論如何發展進化，不會誕生西方「船堅炮利」式的文明。也就是說，如果沒有外部迫不得已的推動力量，沒有西方文明的介入，古老的帝國將沒有危機不會改革，長期處於自我陶醉的狀態，仍走著千百年來封建王朝更替的軌道。

是鴉片戰爭打破了大清帝國的安寧，開啟了一個嶄新的時代。中華文明與西方文明的交流、碰撞加快進行，同時伴隨著不懈的求索，連續的受挫……林則徐廣東禁煙、洪秀全農民抗爭、李鴻章長期引領洋務、康有為君主立憲改良、孫中山奔走革命……每次運動雖然都沒有獲得真正成功，但它們卻是一環緊扣一環，好像哪一環也缺少不了。

費正清在《偉大的中國革命》一書中寫道：「中國有一種深藏不露的文化優越感。當然，正因為這樣，他們在現代落後狀態中受到的恥辱感覺，也就特別強烈。總而言之，中國要現代化不得不比多數國家走得更遠些，改變得更多些，就是因為它停滯不前為時太長了。結果是有一種強大的惰性遏制力，使中國的革命性變革有痙攣性，有時內部抑止住了，有時還帶有破壞性。」

第二章　中國現代化的方向

　　洋務運動的進程見證了「中體西用」思想的發展。一八六一年，馮桂芬在《校邠廬抗議》一書中提到「以中國之倫常名教為原本，輔以中國富強之術」。這是「中體西用」的最初表達。馮桂芬（西元一八〇九至一八七四年），晚清思想家、散文家。字林一，號景亭，吳縣（今江蘇蘇州）人，曾師從林則徐。道光二十年進士，同治初，入李鴻章幕府。重經世致用之學。在上海設廣方言館，培養西學人才。先後主講金陵、上海、蘇州諸書院。馮桂芬為改良主義之先驅人物，最早表達了洋務運動「中體西用」的思想。著有《校邠廬抗議》。一八八〇年，薛福成在《籌洋芻議》中說：「取西人氣數之學，以衛吾堯、舜、禹、湯、文、武、周公之道。」可以看作是這一學說的延伸。一八九三年，鄭觀應在《盛世危言》中留下了極為清晰的評論：「中學其體也，西學其末也；主以中學，輔以西學。」

　　一八九八年五月，張之洞在其〈勸學篇〉中稱：「新舊兼學，四書五經、中國史事、政書、地圖為舊學；西政、西藝、西史為新學，舊學為體，新學為用。」作為洋務運動後期的領軍人物，一九〇七年全國派出留日學生五千四百多名，僅湖北一省就派出了一千三百六十餘名，占總體人數比例的四分之一。湖北新軍編為第八鎮，是僅次於北洋六鎮的軍事力量。慈禧太后對張之洞信賴有加，並推動〈勸學篇〉頒行天下。

　　中體西用之說，不得不承認西方資本主義文化有其優越之

處，又不得不維護傳統文化的本體地位，西方政教有被強行拉入中體之內的嫌疑。但它從曲折的意味上，一定程度上肯定了西方資本主義制度和自身政治革新的要求。這種認可，到底為中華文化注入了新的營養，創造了一種當時代盡可能被接受的模式。[11] 進入二十世紀以後，中國思想文化領域的爭論焦點已經不是國別或地域文化，已經隨著國家日益艱難轉變為維護專制與追求個人自由的思想之間的矛盾衝突。面對民眾的覺醒，在民族主義、國家主義進入中國後，專制主義和專制文化已經成為阻礙社會前進的主要思想力量。中國要進步，必須推開這一傳統力量。

一九一五年陳獨秀《新青年》忠告青年，要避開黨派政治，集中精力於思想覺醒與「民眾運動」。他猛烈抨擊中國傳統文明是衰敗、守舊與形式主義。從一九一七年起，陳獨秀開始支持人權、科學與民主，這與儒家學說、傳統主義與獨裁統治是根本對立的。陳獨秀將儒家學說與專制統治以及「封建主義」聯繫了起來，不僅宣稱儒家的忠孝禮義是不道德的，將中國的落後也歸咎於孔教的兩千年流傳。

一九一七年一月，蔡元培赴任北京大學（初名京師大學堂），成為中國近代第一所國立大學的校長。蔡先生積極推動北大改制，「循思想自由原則、取兼容並包之義」，邀集當時各色

11　何曉明：《百年憂患》，東方出版中心，1997 年 6 月版，177—182 頁。

第二章　中國現代化的方向

學術名人進入北大。陳獨秀受邀任文科學長,《新青年》由上海移至北大辦刊,並吸引魯迅、錢玄同、劉半農等加入編輯學人行列,胡適發表〈文學改良芻議〉並回國任教。

蔡元培力挽狂瀾,改變京師大學堂遺留的官僚作風,一時間各種有志革新的青年人才匯聚北大。在這個試圖自外於政治的學術陣地,圍繞新思想和白話文運動,展開了中國近代文化最活躍的爭論與變革。中國的文化典範和話語發生了巨大轉型,引發了一個「三千年未有之變局」。

在新文化運動到來之前,支撐著傳統價值體系的社會和政治體系已經崩塌:一九〇五年,科舉考試被廢除;一九一一年,君主制崩潰;一九一二年,時任教育總長的蔡元培宣布經學不再是必修課程;同年,大清律例被廢除。一九一二年南京臨時政府教育部明令全國各地中小學校,廢止了讀經和拜孔之禮。自此,孔子的獨尊地位已不復存在。

到了一九一七年,代議制與獨裁制度在中國都趨向於荊棘難行,整個社會變革充盈著激進的氣氛。袁世凱死後,民國政治進入封建軍閥與傳統士紳脆弱的政治聯盟。「雖曾有過議會,但沒有成立議會政治;雖曾有過內閣,但沒有構成內閣制」,只是個「沒有共和黨人的共和國」。

早在一九一六年,陳獨秀在《新青年》雜誌發表〈一九一六年〉。他寫道:「吾國年來政象,唯有黨派運動,而無國民運

動……吾國之維新也、復古也、共和也、帝政也,皆政府黨與在野黨之所主張抗鬥,而國民若觀對岸之火,熟視而無所容心;其結果也,不過黨派之勝負,於國民根本之進步,必無與焉。」新思想運動關注方向也從上層政治開始向底層國民轉移。

一九一七年參與新文化運動的新知識分子,區別於傳統「士大夫」,反政治的態度非常明確。甲午之後,很多年輕的知識分子從「中華帝國」的上升階梯分離出來,立身於學術獨立和「為學術而學術」的社會情勢之中。

一九一七年是文化人物活躍的一年,從本土文人到留學歸者,思想活躍,心繫中國。蔡元培、胡適、陳獨秀、傅斯年、魯迅、李大釗、蔣夢麟、章士釗、錢玄同、劉半農……這些名字注定會照亮中國近現代思想史的天空。

「新文化是與舊文化相對而言,是對千百年來的歷史沉積而成的舊文化的揚棄和超越。」一九一六年,陳獨秀說:「孔教之精華曰禮教,為吾國倫理政治之根本。其存廢為吾國早當解決之問題,應在國體憲法問題解決之先。」於是,排除孔子在中國人心目中的地位成為觀念形態革命的起點。[12]

如果說梁啟超的「新民說」,章太炎的非孔言論,已經觸及孔子學說的痛處。二十世紀初年,無政府主義者聲明「排孔」,他們指出「孔丘砌專制政府之墓,以塗毒吾同胞者,兩千餘年矣」。

12　陳旭麓:《近代中國社會的新陳代謝》,上海社會科學院出版社,2012 年 6 月版,415—417 頁。

　　胡適曾說:「這一年(一九一九年)之中,至少出了四百種白話報。內中如上海的《星期評論》,如《建設》,如《解放與改造》,如《少年中國》,都有很好的貢獻。」[13]

　　一九二〇年,北京政府發布訓令,要求國民學校改國文為白話文。文言教科書將分期作廢,各科教科書改用白話文。胡適稱這一道命令把中國教育的革新至少提早了二十年。整個文學革命運動都在狂飆進行中。

軍事向西看的先河

　　中國沒有主動向外國學習的傳統,從第一次鴉片戰爭後到第二次鴉片戰爭期間,鮮有向外學習的論調。林則徐曾奏議「以(粵海)關稅十分之一,製砲造船,則制夷已可裕如」[14],道光皇帝用「一片胡言」作了回應的結束語。

　　第二次鴉片戰爭過程中,隨著大清帝國軍隊對洋槍洋砲的需求,官員們逐漸有了引進之外自造的想法。

　　曾國藩在與太平軍作戰的過程中,先是奏請咸豐皇帝支持湘軍裝備西式武器,一八六一年在安慶設軍械所,「師夷智」製造洋槍洋砲。曾國藩開創了中國近代最早的軍工企業,生產彈藥、造槍造砲,還試製蒸汽機,乃至建造輪船兵艦。軍械所

13　胡適:〈五十年來中國之文學〉,《胡適文集》,北京大學出版社,1998年11月版,260頁。

14　《林則徐集·奏稿》中冊,中華書局,1965年版,885頁。

先後由安慶遷南京再遷上海，一八六六年併入李鴻章所創辦的金陵機器局。

與曾國藩一樣，李鴻章後來的發起也緣於太平天國。李鴻章在安徽幫辦團練的五年時間內，先後入工部侍郎呂賢基、安徽巡撫周天爵幕府參與軍事謀劃，理想與志氣並不能很好舒展。李鴻章後來進入湘軍幕府。曾國藩知人愛才，視李為左膀右臂。後有幸創建淮軍，進入上海。他在淮軍中首先更新使用歐洲洋槍武器，使得淮軍的戰鬥力迅速上升。其後組建了中國近代第一支砲兵部隊。

洋務軍工製作始於安慶軍械所。一八六五年，由曾國藩支持，李鴻章籌辦，在上海成立了最大的軍火工廠江南製造總局。同年，李鴻章在南京設立金陵機器局。一八六六年，左宗棠在福州設立福州船政局。一八六七年，崇厚在天津設立天津機器局。[15]

左宗棠在福建與太平軍作戰，就開始在軍中推廣使用洋槍洋砲。一八六六年離開福建戰場時，所聘請洋人技師監造的開花砲達一百餘尊。

曾、李、左三人為帝國政府開啟大型現代軍工的創建打下了基礎。初期的軍工企業生產設備落後，產品品質較差，但不

失為成功的嘗試。江南製造總局和福州船政局是洋務派所創辦的兩個成績突出的企業。

其後，各省督撫都鑒於購置洋槍洋砲價格昂貴、採買不便，各局在產槍砲供不應求的狀況，開始相繼在各重要城市創辦軍工企業。到一八八四年，軍工企業遍及十八行省，大小共有三十二家。其後十年僅有兩家出現，即創辦於一八八五年的臺灣機器局和一八九〇年投產的最大的軍工企業湖北槍砲廠。其中二十四家企業的生產一直持續到一八九四年。

在生產結構上，福州船政局、旅順船塢等四家專門製造輪船，江南製造總局和廣東機器局兼生產槍砲和輪船，其餘都主要製造槍砲、子彈和火藥。這些軍工企業完全由官府承辦和管理，委派官員，下撥經費，制定生產計劃，配備產品。洋務軍用企業具有一定的資本主義現代工業的屬性和特點。[16]

李鴻章作為大清帝國大興洋務的著名人士，他的起步實則由軍務開始，從洋人手中購買槍砲再到自己建廠生產所需彈藥，製造各式武器。由軍事而工商，由製器走向全面學習。如果說曾國藩是洋務運動最早的開創者，那麼李鴻章則是其堅定不移的繼承者和發揚者。

李鴻章以軍事自強為切入點「用夷變夏」，全面學習西方的洋務運動。主要包括四個部分：一為交通，辦電報修鐵路，他

16　張海鵬主編：《中國近代通史》，江蘇人民出版社，2007 年 1 月版，92—95 頁。

在天津設立電報總局自辦電報事業，在開平煤礦修築軌距、品質與英國完全相同、全長十一公里的鐵路，又組建開平鐵路公司（後改組為中國鐵路公司），修築唐蘆鐵路、唐津鐵路、關東鐵路等；二為礦業，創建開平煤礦，設立開平礦務局，創辦漠河金礦等；三為民辦工業，創辦輪船招商局，這是李鴻章創辦最早的官督商辦企業，也是中國近代工礦企業中規模最大、引進西方技術與管理方式最早的民用企業；四為商業，建立公司尋找機會積極與西人通商。

中國的軍事改革，只是想單純改善武器裝備來提高軍隊的戰鬥力。士兵的素質低得可憐，即使有了軍校生也被社會瞧不起，軍官並不會被作為紳士來看待。相反進了軍校的稍有文化的人，依舊想著考科舉。軍校的在校生考上了秀才還會得到表彰。北洋武備學堂的馮國璋考上了文秀才，在當時還是很轟動的事件。

不管怎麼說，洋務運動開啟了近代軍事化，成為中國早期工業化的開端。

洋洋東海看我龍旗

一八七四年，恭親王向皇帝呈交了一份奏疏，指出日本侵犯臺灣事件，大清帝國苦於實力空虛，沒有防禦良策，如果西洋各國都觀察動靜，競相仿效侵犯，帝國政府簡直無法應付。

在這個奏摺裡，恭親王提出練兵、造船、籌餉、用人等建

第二章　中國現代化的方向

議，經皇帝批准，這個文件祕密寄給各地封疆大吏，此後遂引發了大清帝國關於海防建設的討論。

前江蘇巡撫丁日昌所擬《海洋水師章程》送達帝國京師。早在一八六七年，時任江蘇布政使的丁日昌，曾建議改革中國水師，分別由北洋提督、中洋提督、南洋提督統帥。北洋提督駐大沽，下屬直隸、盛京、山東各海口；中洋提督駐吳淞口，下屬江蘇、浙江各海口；南洋提督駐廈門，下屬福建、廣東各海口。這應該是最早提出的三洋水師構想。

《海洋水師章程》建言：一、外海水師，專用大兵輪及招募駕駛之人；二、沿海擇要修築砲臺；三、選練陸兵；四、沿海地方官精擇仁廉幹練之員；五、北東南三洋聯為一氣；六、精設機器局。總理衙門提出，召集沿江沿海各大臣及在廷王大臣集中討論《海洋水師章程》。中央洋務集團的重要首腦大學士文祥上奏，進一步強調了加強海防的問題。文祥透過日本侵臺事件已經看到，日本將成為中華民族最危險的敵人。

丁日昌在此章程中提出：大清帝國可以組建北洋、東洋、南洋三支水師，由北向南劃分區域守衛東南海疆。「海上交鋒，縱有百號艇船，不敵一號大兵輪船」，每支水師需配備新式軍艦六艘，根駁輪船十艘。丁日昌（西元一八二三至一八八二年），廣東豐順人，一八六一年進入曾國藩幕府，其後督辦火器的研製和生產。一八六四年夏，任蘇淞太道，督辦江南製造

局，後調任兩淮鹽運使、江蘇布政使。一八六八年任江蘇巡撫，一八七五年九月任福州船政大臣，次年署理福建巡撫。一八七五年五月三十日，關於組建海軍的議論塵埃落定，大清帝國發布上諭，確定先建立南洋、北洋兩支海軍，「著派李鴻章督辦北洋海防事宜，派沈葆楨督辦南洋海防事宜」，可以先購一二鐵甲艦，以後再增。帝國政府決定每年撥付資金四百萬兩白銀。對於有限卻又頗為珍貴的資金的使用，沈葆楨以大局為重，認為「外海水師以先盡北洋創辦為宜，分之則難免實力薄而成功緩」，提出優先建設北洋水師，待北洋水師發展壯大之後，「以一化三，變為三洋水師」。這樣，李鴻章督辦的北洋水師自然得以優先發展。

　　一八七五年，海軍建設尚處於爭論待定之時，李鴻章與總稅務司赫德便商議過訂購軍艦的事宜。李意欲購買四艘英國生產的排水量不大的「倫道爾」（Rendel）式小型軍艦。一八七七年，李鴻章向英國船廠訂購了「超勇」、「揚威」兩艘巡洋艦。艦艇的排水量為一千三百五十噸，馬力兩千四百匹，航速為十五節，配備口徑為十英吋的主砲。左宗棠隨後從德國為南洋水師訂購了兩艘巡洋艦。

　　十九世紀後期，世界上已經出現了以蒸汽為動力的戰列艦，排水量一般為七八千噸，甚至超過萬噸，航速可達到十四五節；一八八〇年，李鴻章派人到歐洲考察訂購鐵甲艦，

第二章　中國現代化的方向

在德國伏爾鏗公司（AG Vulcan Stettin）訂造了「定遠」號中國第一艘鐵甲艦，次年夏天訂造了「鎮遠」號鐵甲艦，總花費約為三百四十萬兩白銀。一八八五年十月交付使用，從此帝國海軍的軍旗──龍旗升起在北洋鐵甲艦上，「定遠」號成為北洋艦隊的旗艦。

「定遠」、「鎮遠」號鐵甲艦標準排水量七千一百四十四噸，滿載排水量七千三百三十五噸，馬力六千匹（定遠）和七千兩百匹（鎮遠），航速分別為十四點五節（定遠）和十五點四節（鎮遠），配置「克虜伯」（Krupp）三百零五毫米主砲。北洋艦隊發展迅速，五年後共擁有各類艦艇五十多艘，總排水量超過四萬噸。一八八八年十二月十七日，北洋海軍正式成立，駐地威海劉公島。北洋加上南洋海軍和廣東軍艦，帝國海軍力量躍居世界第七位，亞洲第一。

為了加固海防，北洋海軍在旅順、大連、威海衛建立了砲臺要塞。為培養自己的海軍人才，建立福州船政學堂。福州船政學堂分前學堂和後學堂。前學堂培養造船人才，使用法語教課；後學堂教授輪船駕駛技術，用英語授課。

福州船政學堂第一次所招學生大都是福建人，其中有羅豐祿、劉步蟾、方伯謙、林同書、林泰曾、嚴復、陳毓淞、林永升等人。其後，福州船政學堂招收過一批廣東學生，如鄧世昌、李和、張成、林國祥、卓關略等人。經過學習和實踐，

福州船政學堂的學員基本能夠勝任輪船製造和駕駛。一八七五年，船政學堂向英、法等國派出少數留學生，觀摩、學習船政。一八七七年三月三十一日，超過三十名留學生離開福州前往英、法等國學習海軍。其中劉步蟾、方伯謙、薩鎮冰等人後來都成為海軍界有影響力的人物。一八七七年年底，福州船政學堂又派出五名藝徒前往法國學習。一八七九年，福州船政學堂第二批十名學員被派往國外留學。 嚴復（西元一八五四至一九二一年），福建侯官人，一八六七年入福州船政學堂學習駕駛，一八七七年赴英國格林威治海軍學院學習海軍，回國後任教於福州船政學堂和天津北洋水師學堂。甲午戰爭後主張變法。他翻譯了《天演論》、《國富論》、《論法的精神》等西方學術名著，成為中國近代史上開啟民智的代表人物。 一八七九年冬天，「北洋現籌添購快碰、鐵甲等船，需人甚眾」，李鴻章開始籌備天津水師學堂。一八八一年八月，天津水師學堂開始招生，教習人員中多為外國人，嚴復曾經長期擔任總教習。至一八九四年，天津水師學堂畢業學生一百四十七名，辦學品質很快超過福州船政學堂。前後從天津水師學堂共畢業了兩百餘人，都被吸收進入北洋海軍，包括後來民國時期的大總統黎元洪、南開大學校長張伯苓等人。

後來，福州船政學堂畢業的劉步蟾、鄧世昌、方伯謙等人成為北洋海軍的主要將領，比如，劉步蟾任「定遠」艦管帶，

鄧世昌任「致遠」艦管帶，林泰曾任「鎮遠」艦管帶，方伯謙任「濟遠」艦管帶。

建立一支現代化的海軍花費是巨大的，缺乏資金供應，海軍建設寸步難行，李鴻章依託帝國政府下撥的四百萬兩海軍經費卻常常被剋扣和挪用，軍艦購買、軍港建設、日常開支期許待補，具體辦事困難重重。李鴻章嘆息道：「凡事非財不行，而北洋三省財力最窘，無別可籌之款……適當茲經費支絀之地，徬徨無措，展布何從？」

帝國政府的財政左支右絀，四百萬兩海軍經費便容易成為擠占、挪用的對象。部分省分遭遇大旱、地方教案、軍事用銀等，部分侵占海軍經費。還有慈禧修建頤和園的事，多認為挪用了大量的海軍經費。

帝國政府組建南、北洋海軍的初衷，還是意識到了來自日本的威脅。一八七四年日本侵犯臺灣，其後步步緊逼，吞併琉球，進入朝鮮。李鴻章等人一心密切關注東海，卻不料西南方風暴驟至。法國侵入越南，並侵犯臺灣。一八八二年，法國作為世界第二大海軍大國，已擁有三十八艘鐵甲艦，九艘岸防鐵甲艦，五十艘巡洋艦、砲艦和六十艘魚雷艇，總噸位達五十餘萬噸。

李鴻章相當關注北洋水師的日常訓練，按照《北洋海軍章程》進行嚴格管理。在引進西方先進艦艇裝備的同時，還

聘請了一些外籍教官訓練北洋水師。英國人琅威理（William Lang）曾任北洋水師教練官。

北洋海軍的經費始終很緊張。據《龍旗飄揚的艦隊 —— 中國近代海軍興衰史》一書記載：從一八七五年至一八八〇年，北洋水師每年收入海防經費為八十萬兩；一八八一年、一八八二年平均每年有一百一十四萬兩；一八八三年、一八八四年平均只有六十五萬六千兩，李鴻章只能提用淮軍軍費和長蘆運銀庫銀兩彌補不足；一八八五年收入七十三萬三千兩，又動用直隸海防捐輸彌補。

由於經費緊張，一八八四年以後的近十年，北洋水師沒有財力購置新的戰艦，帝國的海軍實力最終被日本趕超。當一八八六年「定遠」、「鎮遠」出現在日本長崎港進行檢修時帶給日本民間的是驚駭，時隔五年後北洋水師進入日本橫濱港進行訪問時，帶給日本海軍的感覺就是清帝國海軍的軍容並沒有那麼整齊。一八九四年甲午戰爭前夕，北洋艦隊已經出現了機器老化、武器陳舊等問題。日本海軍已擁有主力軍艦三十一艘，其中鐵甲艦三艘，巡洋艦十一艘，砲艦十七艘，大多數軍艦性能，特別是航速已經超過清帝國海軍。

北洋海軍覆沒的根本原因是腐朽的帝制，促進它走向衰敗的主要原因仍然是腐朽的社會環境。大清帝國日益腐朽的體制難以支撐起中華抵禦外侮的事業。

起伏軍閥話北洋

　　兩次鴉片戰爭中國戰敗，被迫開放口岸，最初開放口岸多分布於長江以南，北方開放各口時間多在其後，管理上一般稱呼長江以南為南洋各口，以北稱北洋各口。分管的五口通商大臣、三口通商大臣，最後固定稱呼為南洋通商大臣和北洋通商大臣。南洋大臣管理南部中國沿海、沿江各通商口岸通商、海防事務。北洋大臣在一八七〇年以後負責管理直隸、山東、奉天三省通商、海防、洋務，包括關稅、軍工等事物。南北通商大臣逐漸變成專職，由兩江總督（或兩廣總督）、直隸總督兼領，成為晚清帝國經濟變革和政治變革的重大事件。[17] 南北洋通商大臣之所以由專派改為由總督兼領，更多是因為實權總督便於辦事，尤其是興辦富國強兵的洋務。習慣上也將長江南北的沿海海域分別稱為南洋、北洋，將南北洋大臣管轄的省分也稱為南洋、北洋。這樣民國時北洋的泛用，便是因為北洋系軍人控制了北京政權的緣故。

　　一八九四年，德國軍官漢納根（Hanneken）提議著手編練十萬新軍，採用西洋武器，而且用西式編制，接受西式訓練。年底由於帝國的經濟狀況，胡燏棻嘗試招募了十營新兵，名為定武軍，駐紮天津馬廠。聘請德國人擔任教練，找來北洋武備學堂的優秀畢業生吳金彪、曹錕、田中玉、劉承恩等人參與練兵事務。

17　馬勇：《百年變局》，中國工人出版社，2015 年 11 月版，40—41 頁。

其後，由於馬場地域狹小，定武軍移駐小站。一八九五年十月，胡燏棻調任督造津蘆鐵路，曾經在朝鮮大造聲名的袁世凱，接任小站練兵事業著手編練新軍，後改稱號為新建陸軍。

袁世凱訓練新軍建章選士用人自是迥然與常人不同。正是因為袁世凱的精心謀劃，北洋新軍成為清末民初最重要的軍事政治力量。

新建陸軍完全採取日本和德國的軍事建制，分為步兵、砲兵、馬隊、工程、輜重（後勤）等各兵種，作戰單元分為鎮、協、標、營、隊、棚，這就是我們今天的師、旅、團、營、連、排的軍隊基本建構。

小站新軍使用西式的步槍、馬槍和速射砲，裝備雨具、望遠鏡、電臺等新式裝備。在徵兵方面，制訂的標準，要求年齡必須在二十到二十五歲之間，對力量和步行速度都有要求，比如步行速度每小時要達到二十里以上。待遇上極為優厚：營長月銀一百兩，外加三百兩的公務費。一個普通士兵月銀四兩五錢，合當時三石米的價錢。袁世凱非常重視軍事教育，開設「行營武備學堂」，設置砲兵、步兵、騎兵、德文課程，把編練新軍與軍事學堂相結合。袁世凱還從每月的薪水中取出兩百兩作為獎學金。

在用人上選用故舊親朋，選用北洋武備學堂的畢業生，選用淮軍的老將。

第二章　中國現代化的方向

選用自己熟識的人，一部分作為自己的幕僚，一部分充當耳目進入下層。袁幕的代表人物，是當時的翰林徐世昌。袁世凱訓練新軍，徐世昌主動來到參謀營務處效力，薪餉為月銀一百六十兩。其後，徐對新軍的建章立制出力不少。唐紹儀，袁駐紮朝鮮時任西文翻譯，後在袁身邊擔任文案。此外，還有袁世凱的表弟劉永慶掌管了新軍的糧餉軍械，江朝宗擔任參謀營務處及兵官學堂監督。

一八八五年，李鴻章開設北洋武備學堂，培養新式人才。但因為軍隊中的等級觀念、地域觀念影響，這些人中的大多數並沒有得到重用。袁世凱的新建陸軍中又急需軍事人才，他讓北洋武備學堂的總辦廕昌為其推薦，於是後來的北洋三傑：龍傑王士珍、虎傑段祺瑞、狗傑馮國璋就這樣被袁世凱挖到手中。袁世凱破格提拔他們，給予待遇讓他們擔任要職。此外還有曹錕（後來的民國總統）、段芝貴（後來袁世凱的義子）、陸建章（馮玉祥的舅舅）、張懷芝（後來的山東督軍）、王占元（後來的湖北督軍）、陳光遠（後來的江西督軍）、靳雲鵬（後來的內閣總理）等人都被集中到了袁的帳下。

淮軍舊將有姜桂題、張勳、孟恩遠（後來的吉林督軍）。小站練兵培養了一大批近代軍事將領和人才，成為中國近代軍事體制變革的一個起點，為此後北洋派系的異軍突起，為袁世凱的上升奠定了政治基礎。李鴻章組建了新式海軍，其後組建了新建陸軍的袁世凱成為真正拉開近代軍事變革大幕的人。

起伏軍閥話北洋

　　袁世凱統治時期被稱為北京政府時期，而將袁世凱之後稱為北洋軍閥統治時期。不過，段祺瑞雖然掌控大權自詡北洋正統，一定程度上已經成為文官，並無私兵，他的軍閥身分確切來說很難界定。

　　早在袁世凱時期，北洋一脈的人物相互之間和對外喜歡自稱「北洋團體」。袁世凱之後，段祺瑞、馮國璋等人在公開文電中，多以北方軍人自稱。

　　「北洋政府」的指稱，到了北伐成功之後的國民政府時期才逐漸增多。〈北洋政府職官年表〉、〈北洋政府時期的政治制度〉等文獻多採用這樣的稱呼，這一時期的政府公報也名為《北洋公報》。

　　北洋軍人群體，在民國初年往往擁兵自重、據地稱雄，被反對派的人稱為軍閥，因此北京政府時期又稱為北洋軍閥統治時期。

　　一九一八年底，陳獨秀認為軍閥是「毫無知識，毫無功能，專門干預政治、破壞國法、馬賊式的、惡丐式的」人物。一九一八年底至一九一九年，梁啟超在《歐遊心影錄》中曾說：「軍閥之為政，以剛強自喜，而結果也，必陷於優柔而自亡，外強中乾，上剛而下柔，是其征也。」梁啟超歐遊之前很少使用「軍閥」一詞，而在歸國後卻多次使用這一稱謂，可見歐戰的影響也是近代中國「軍閥」一詞的來源之一。

　　民國以後，北洋軍閥集團操縱了北京政權。政治領域仍然

是一種中西思想的結合。雖然並不公開宣揚「君權」，但尊奉講求的仍然是封建主義的倫常關係；採用了西方的軍事規範武器裝備，借用了西方的資產階級民主制度，憲法、議會、選舉等。所以，民國政府只是軍閥政權罷了。西方民主形式的裝扮改變不了其呼之欲出的封建性目標。最終走上解散國會、利用政黨的政治之路，直至試圖重新實行帝制的人多是舊的北洋軍人。

中國新生階級與經濟現代化

　　洋務軍事企業在一八七〇年代漸入佳境。這個時間節點，出現了最初的洋務民用企業。一方面，參與洋務的商人看到西方在中國攫取利益；另一方面，西人進入內地辦商務之事越來越多，遂出現為了利權與洋人「商戰」一說，滋生出洋務派興辦民用工業的想法。主要投資企業包括：一八七二年設立的上海輪船招商局，一八七七年設於灤州的開平礦務局，一八八七年設立的漠河金礦，一八八〇年修築的唐山 —— 胥各莊鐵路，一八八二年設立的上海機器織布局[18]，一八八九年設立的湖北織布官局。此外，還有火柴業、電報局等洋務企業。

　　到甲午戰爭之前，民用企業總數已達四十多個。各類近代企業大體上都已經出現，也具備資本主義企業的特點。洋務運動中的民用工業，帶有資本主義生產關係，其本身的資本主義

18　一八九三年毀於火災，後更名為華盛紡織總廠。

性質已被今日世界評論所公認。洋務工業的官督商辦和官商合辦，官領其總，商出資本，無疑打破了封建主義的堅冰。「官督」所帶來的腐朽的官場習氣，產生了與資本主義生產方式的深刻矛盾，壟斷性又極大地抑制著資本主義自由競爭，不同程度地造成了民族資本主義發展的困難。

一八九四年，洋務派所累積創辦的民用企業已涉及航運、採礦、電信、冶金等部門，民用產業的實存資本總額達三千九百六十一萬元，加上軍用產業實存資本總額一千零七十一萬元，合計達五千零三十二萬元，占當時中國產業實存資本總數六千七百四十九萬元的百分之七十四以上，成為當時中國資本主義企業的主體。[19]

甲午戰爭前，官督商辦的資本營運遠遠超過商辦，民族資本主義的商辦企業數量很少。甲午戰爭後，就一八九五年到一八九八年，有資本額可查的一萬元以上的八十家廠礦加以比較，其中商辦企業六十二家，資本額一萬兩千四百六十五（千元），占資本總額的百分之七十，而官督商辦和官辦只占百分之三十。[20]

19　張海鵬主編：《中國近代通史》第 3 卷，江蘇人民出版社，2007 年 1 月版，335—340 頁。

20　汪敬虞：《中國近代工業史資料》第二輯下冊，科學出版社，1957 年版，869—919 頁。

第二章　中國現代化的方向

　　甲午戰爭後官督商辦、官辦和商辦三類資本額的比例和戰前相比有了顯著不同，民族資本從劣勢轉向優勢，在紡織等輕工業部門更為明顯。甲午戰爭後的四年中，中國民族華商紗廠全國紗錠總數是逐年成長的，據有關統計資料顯示，一八九六年的全國華商紗錠總數比一八九五年增加百分之六點三；一八九七年比一八九六年增加百分之二十五點七；一八九八年比一八九七年增加百分之三十點五，比一八九五年增加百分之七十六以上。甲午戰後中國民族資本主義獲得了初步發展。

　　一八八五至一八九四年間創辦民營企業的大致有五十五人，其中有布政使銜的兩人，候補道、候選道五人，候補知府、候補知縣六人，其他佐貳雜職七人。甲午戰爭後，一八九五至一九〇〇年新辦的六十四家民營企業，其創辦人中有卿、寺、布政使銜的有五人，候補道九人，候補候選知府、知州、知縣十七人，其他佐貳雜職二十八人。針對一八七八至一九〇七年的十家民營毛紡廠統計，創始人中的半數都有捐官的身分。稍有點經濟能力的商人都要捐納一個官員的身分，便於與官方溝通，不時能得到第一手的訊息，搶占商業先機，更有機會享受官方推出的諸如稅收減免等優惠政策。

　　戊戌變法前的三年，清帝國在學習西方、除舊布新方面進步很大，著重發展私營工商業開始被民間廣泛接受。一八九四至一九一三年間，中國的民族資本工礦業以平均每年百分之

十五點三的速度在成長。[21] 清末新政中獎勵實業的政策，為中國資本主義的發展創造了有利條件。一九〇五年至一九一〇年，中國新設廠礦企業出現了一個新的高峰，其中資本在萬元以上的企業有兩百零九家，共擁有資本七千五百二十五萬五千元。同一八九五年至一八九八年出現過的高峰相比，其資本力量更強，投資範圍更廣。

一八九七年，中國通商銀行經帝國政府批准成立，這是中國人自辦的最早的現代銀行。銀行的產生是中國民族資本主義發展中，對資金的要求和對信用的利用不斷累積的產物，對民族資本主義工商業的支持作用也越來越大。

南京臨時政府透過《商業銀行條例》，鼓勵民間創辦銀行。一九一二年孫中山自任中華實業銀行名譽總董。清末最後十餘年創設銀行不過十七家左右，一九一二年新開設銀行達十四家。通商銀行，對商號的放款從初期的二十到九十萬兩，增加到一九〇五年的兩三百萬兩，辛亥革命前有十四家工業企業與通商銀行有貸款業務。一九〇七年成立的浙江興業銀行以發展工商業為原則，一九一九年以後對工商業放款比例超出總量的百分之四十。上海商業儲蓄銀行提出「服務社會，輔助工商實業」的口號發展業務。總歸來說，近代銀行業對工商業的放款是逐年成長的。作為協調地方工商業發展的商務局也在各地逐步設立。

21　許滌新、吳承明主編：《中國資本主義發展史》第二卷，人民出版社，1990 年版，682 頁。

第二章　中國現代化的方向

　　孫中山讓位於袁世凱之後，中國出現了一段時間的經濟建設熱潮，孫中山曾期望致力於鐵路的建設與開發，黃興也準備解甲歸田從事實業，章太炎一度放棄書齋生涯投身東三省的實業建設和邊疆開發。中國的經濟進入一個黃金時期。一九一二年到一九一九年間，華僑回國投資企業達一千零四十二家，此時出現了麵粉和繅絲行業的知名輕工企業，如無錫榮氏兄弟、南通張謇所辦的實業。一戰前中國工商業發展較快，一戰後發展速度更快。到了一九一四年和一九一五年，民國政府實現了財政收支平衡，並且略有盈餘。

　　革命派和立憲派都有振興實業的欲望。由美歸國途中的孫中山宣稱：「此後社會當以工商實業為競點，為新中國開一新局面。」他在就任臨時大總統以後，倡導實業尤為盡力。據《農商部統計報告》資料顯示，關於民間開設工廠：一九一〇年為九百八十六家，一九一一年為七百八十七家，一九一二年為一千五百零二家，一九一三年為一千三百七十八家，一九一四年為一千一百二十三家。[22] 數字的背後反映出辛亥革命後實業有所發展，從工人的數量變化上也可以反映出來。中國近代產業工人辛亥革命前為五十到六十萬人，一九一九年達到兩百萬人。

　　第一次世界大戰後中國近代工業也有所發展，隨著工業利潤倍數地成長，軍閥從土地投資紛紛轉向工業投資。特別是

22　陳旭麓：《近代中國社會的新陳代謝》，中國人民大學出版社，2012 年 6 月版，336—338 頁。

154

在天津地區，從一九一四年至一九二五年近十年間新建工廠二十六家，其中北洋軍閥人士投資了十一家，占新建工廠總數的百分之四十二點三。十一家工廠資本總額是一千五百二十萬元，占二十六家資本總額兩千九百二十六萬元的百分之五十三點七。一九一八年開業的裕元紗廠董事會的主要成員多為安福系的官僚，包括國務總理段祺瑞、安徽督軍倪嗣沖、陸軍次長徐樹錚等人。[23]

投資經營近代工業的民族商人群體，其發展從一開始就受到外國資本主義經濟勢力以及官僚買辦勢力的阻礙。他們與外國資本主義勢力和中國封建勢力，在發展上不可避免會產生矛盾。他們投資於新式企業的出發點多是想得到更大的利潤。他們中的多數擁有大量土地，有些企業主一方面投資新式工業，同時經營著錢莊、典當行，他們身分上多是在職的或候補官僚，這種經濟上的雙重性，決定了政治上的雙重性。由於他們投資工業渴望參與政權，藉以維護和擴大他們的利益，他們要求「民主」和改革。同時，他們與封建地主階級的聯繫，又使得他們希望在不觸犯地主階級根本利益的基礎上，求得發展資本主義的條件。這就是中國民族資本主義發展中的困境心態。

23　來新夏：《北洋軍閥史》，東方出版中心，2011 年 5 月版，22—24 頁。

新式教育的起步

魏源最早提出局部改革科舉制度，考選造船製器和駕駛輪船的人才。他對科舉制度的腐朽了解甚深，建議從經濟入手，在學習外國的過程中調整官民關係，調整不同社會利益集團之間的關係，已經觸及社會機制運行的根本。魏源的「籌海」方案，在鴉片戰爭的時代是完備和高明的。從此，中國掀起了一股向西方學習的思潮。魏源是近代中國當之無愧的改革先驅。此後，教會學校興起、新式學堂的不斷創辦、西學書籍大量被翻譯，中國教育現代化的序幕正式開啟。

社會變革的先聲是思想上的變革，沒有思想上向西看的決心，就不會出現林則徐等人新思想的表達，他們從招募人翻譯西方報紙開始，來實現自己了解西方的意願。

第二次鴉片戰爭以來帝國官員與外國列強多有交涉，深感語言不通的弊端。一八六二年八月，恭親王奕訢聯絡曾國藩、李鴻章等漢族官員奏准在北京設立同文館[24]，附屬於總理衙門。這是中國政府最早開設的以教授西方語言為主的官辦的外語人才學校。同文館除漢文外其他課程多由外國人擔任教習，設立管理大臣、專管大臣、提調、幫提調及總教習、副教習等職務，辦學經費、人事權控制於總稅務司。英國人赫德（Hart）任同文館監察官，外國人包爾騰、傅蘭雅、歐禮斐等人先後擔

24　一九〇二年併入京師大學堂。

任教習,中國教習主要有李善蘭和徐壽。一八六九年,同文館延請美國傳教士丁韙良擔任總教習。

一八六二年同文館開學之時,課程中洋結合,外國人教授洋文。初設英、法、俄文館,後來增加了德文館,一八九七年設日文館。辦學層次上分前館和後館。招生對象為十四歲以下八旗子弟,一八六二年六月因人數太少招生對象擴大為年齡較大的八旗子弟和漢族學生,以及三十歲以下的秀才、舉人、進士和科舉正途出身的五品以下滿漢京外官員。

學習期限初定為三年畢業,自一八七六年後改為兩種情況:有外文功底而學習天文、化學、測繪的學生,八年畢業;年齡較大,只能根據翻譯文本學習的求學者,五年畢業。課程設置最初只有英、法、俄、漢文,一八六九年以後逐步增設了算學、化學、萬國公法、醫學、物理、外國史地等。一八七二年擬訂了八年課程計畫,第一年認字、寫字,講解淺顯書籍;第二年練習句法,翻譯便箋;第三年講讀各國地理及歷史,翻譯選編;第四年講求數理啟蒙及代數學,翻譯公文;第五年講求物理、幾何原本、平三角、弧三角,練習譯書;第六年講求機器、微分積分、航海測算,練習譯書;第七年講求化學、天文、驗算、萬國公法,練習譯書;第八年講求天文、測算、地理、金石、富國策,練習譯書。

在考試方面,有月課、季考、歲考三種。每三年舉行大考

一次，實行優勝劣汰，優等者升官階，劣等者除名。館內待遇優厚，除膳食、書籍、紙筆都免費供應外，每月資助十兩白銀（最多時達到十二兩）。學生畢業後大半任政府譯員、外交官員、洋務機構官員、學堂教習。該館附設印書處、翻譯處，曾先後編譯、出版自然科學及國際法、經濟學書籍二十餘種。此外還設有化學實驗室、博物館、天文臺等。同文館的創辦，成為帝國政府興辦的樣板式的西式學堂。

此後，上海的廣方言學堂、廣州同文館、天津水師學堂、南京陸師學堂、福州船政學堂和湖北工藝學堂等新式學堂在各地紛紛建立。

洋務運動時期，近代新式教育已經開始在中國出現。洋務運動中新式學堂的創辦、西書的引進和留學生的派遣成為了一種改變頹廢國勢的鼎新之舉。

幼童留美作為中國最早的官派留學生事件對近代史影響很大，它的建言者是近代教育家容閎，時間是在一八七二年。曾國藩稱此為古今未有之事。容閎（西元一八二八至一九一二年），原名光照，廣東香山縣南屏村（今珠海南屏鎮）人。童年時由父親帶往澳門讀書，後與黃勝、黃寬一起前往美國進入耶魯大學學習。一八五四年回國，有買辦經歷，之後進入曾國藩幕府。有見識，能力強，深得曾國藩和江蘇巡撫丁日昌的欣賞。幼童留洋一事好事多磨，經過曾國藩和丁日昌將近四年的

努力，最終在一八七二年五月得到帝國政府批准。派遣年少的學生留學，從小學起，增加閱歷。中間帝國政府內部也充滿了爭論，擔心這些幼童的道德心智會受到影響。擔心他們長期在外，習染西洋文化，致使道德迷失，化夏為夷。為了保證這些幼童的道德品質，選派了翰林出身的刑部主事陳蘭彬身為帶隊委員，容閎擔任副委員。陳本人觀念保守，由於官階提升加上待遇極高，欣然就任。只是這個冬烘保守的老翰林駐在美國做留學監督，為以後的留學事宜製造了障礙。

先後選派的四批留美幼童，最初主要集中於縉紳之家進行選擇。滿人自然無人應選，漢人士紳也不肯讓子弟出來，選出來的都是平民子弟。一百二十個幼童中，廣東人八十三人，江蘇二十二人，浙江八人，安徽四人，福建兩人，山東一人。

廣東人之中除了香山人就是南海人，離澳門近，也有直接從香港找過來的。留學的費用全部由官府支付，包括宿食衣物和經濟補貼，還宣傳說在歸國後賞給頂戴、官差，這些條件對平民之家來說無疑具有特別的誘惑力。

留美幼童學習西學的同時要求必須學習中學，包括小學（文字學）、經學和大清律例。教學上尤其看重孝經的灌輸，課程由總監陳蘭彬一行同去的中國老師擔任。學生還要定期宣講來自皇帝的教誨──《聖諭廣訓》。中西教育理念和習慣的不同常常帶來衝突的不斷。學校的體育課也一度被禁止。

第二章　中國現代化的方向

　　三年之後陳蘭彬離任，容閎一道離開，繼任者區諤良、吳嘉善先後接任留學監督。吳嘉善觀念同樣保守，認為進行體能訓練、打棒球、划划艇、參加各種興趣小組，都是不像話的，更反對幼童們穿洋裝。這個留學監督申斥這些學生，吹毛求疵，並不斷向總理衙門匯報幼童糟糕的學況，建議停止留洋。吳堅決認為這些情況都是有害的。

　　李鴻章不同意中斷此事，但吳嘉善的意見在中國被吵得沸沸揚揚，加上御史們的彈劾，一八八一年留洋事業在剛剛進行到第十個年頭時戛然終止。留美幼童回國之後大都被發往海軍，也有部分人棄職經商。所以，晚清政府的第一次留學項目並沒有真正完成。學生中比較有名的，除了詹天佑，還有擔任過民國總理的唐紹儀和做過海軍總長的蔣廷幹。不管怎麼樣，洋務運動開創了派幼童留學歐美的先河，推動了中國教育的現代化發展。

　　到了維新運動時期，維新派身體力行創辦西式學堂、學會，推動教育改革法令的頒布。此時，科舉制度已經受到極大衝擊，創辦新式學堂之風變得長久不衰，期間培育了一大批人才，對中國教育現代化產生了深遠影響。

　　一九〇一年，大清帝國推行了自上而下的教育改革，近代學制改革首次得到實施，中國教育的近代形態在此正式確立。清末教育改革使中國教育步入現代化。

新式教育的起步

辛亥革命時期的教育理念以國民主義為指導，促進了新國民的培養，建立了各種新式學堂，不僅小學、中學、大學有顯著的發展，實業、師範、女子教育都獲得長足進步，成為中國近代教育確立的象徵。

學校是思想活躍的場所，教育的現代化促進了辛亥革命的爆發，辛亥革命反過來又推進教育完成了現代化轉型。甚或辛亥革命又推動了中國近代民主化進程，促進了中國民族資本主義的發展，推動了思想文化的進步，奠定了全面現代化的基礎。

談到促進中國近代教育的傑出人物，不能閉口不談以下三個人物。福州船政局的創立者左宗棠，他為中國教育的現代化做出了突出貢獻。洋務運動中福州船政學堂將西方教育理念較早付諸實踐，開啟了學習西方先進科技的大門，推動了中國近代自然科學和社會科學的發展，使中國現代化的步伐加快。張之洞作為洋務運動的後起之秀，對傳統書院教育進行改革，提倡經世致用，洋務運動中大辦新式學堂，甲午戰後在湖北大力興辦實業教育、師範教育和國民教育。張之洞認為，「中國不貧於財而貧於人才，不弱於兵而弱於志氣」，他大力改革傳統教育，他興辦師範學堂培養師資力量，一九○七年所辦學堂達二十四所之多；他設立農務學堂，發展農業教育，一九一○年湖北農業學堂達到四十八所，推動了湖北的農業經濟發展；他興辦的其他學堂還有商務學堂、自強學堂、武備學堂、方言學

第二章 中國現代化的方向

堂（晚清時方言指外語）、算學學堂、工藝學堂、路礦學堂、軍醫學堂等；他極其重視留學教育，二十世紀初的湖北出現了留學熱潮，湖北共派出留日學生五千多人，位居全國各省之最。張之洞的舉動為湖北培養了大批人才，對湖北乃至對中國教育的現代化都具有卓越貢獻。盛宣懷身為中國近代史上的著名官僚和買辦，不遺餘力地興辦新式教育，為中國教育的現代化做出了極大的貢獻。一八九五、一八九七年，盛宣懷先後在天津、上海創辦北洋大學堂（天津大學前身）、南洋公學（上海交通大學前身），中國人開始有了現代意義上的大學。一八九九年全國已經出現中國人自辦的新式學堂一百七十五所，遍布全國十七個行省。

科舉作為古代選拔人才的橋梁，影響自然很大。談中國近代教育，也不得不說說科舉取士。科舉考試在明清逐漸形成八股文模式。主要測試經義，在《詩》、《書》、《禮》、《易》、《春秋》等儒家經典中選擇一定題目，題目和寫作方式都有固定格式。當時的人們都一門心思地關注八股文，並利用這種工具來敲開科舉考試的大門。

一千三百年間科舉取士至少產生了「十萬進士」之多，舉人、秀才更是數以百萬。宋、明兩代以及清朝漢人的名臣能相、國家棟梁多為進士出身。明中期以來，「非進士不進翰林，非翰林不入內閣」，科舉成為高級官員的搖籃。

科舉入仕推動了中國的文風。明清兩朝，中國的讀書人以百萬計，多數人都成為基層知識分子，推動了文化的普及。相同的「聖賢書」，有效維護了思想的統一和向心力。

科舉制度發展到十九世紀晚期對新式教育的束縛越來越明顯，對社會的發展充滿敵意。洋務大員和維新派人士對科舉制度多有抨擊。

一九〇五年九月，張之洞、袁世凱、趙爾巽、端方等地方督撫會銜上奏，要求立即停開科舉。

「科舉不停，學校不廣，士心既莫能堅定，民智復無由大開，求其進化日新也難矣。」面對世人的滿腹牢騷，大清帝國對社會變革的態度明顯變得更積極一點，諭令從一九〇六年開始廢除科舉制度。

時人認為：「言其重要，直無異於古之廢封建、開阡陌。」科舉制的廢除使士紳階層開始分化，加快了傳統社會系統的解體，新式知識分子開始受到社會的重視。新的社會結構下需要新的治理方式。大清帝國廢除了科舉，為政治經濟、科學技術、文化的發展提供了必要的條件。儘管這一制度對中國現代化是有阻礙的，我們還是要客觀地評價科舉考試的歷史影響。

外交的孤獨身影

　　一八七六年發生的教案「馬嘉理事件」，也被稱為「滇案」。事件發生之後，英國提出了賠款、道歉、懲凶、撫卹等要求，且要求清政府進一步擴大英方在中國的權益。九月十三日，雙方簽訂《煙臺條約》，使「滇案」了結。條約規定，清政府要派遣欽差大臣前往英國「道歉」。總理衙門認為，「遣使一節，本系必應舉行之事，這與中國政府在海外建立常駐使館的意圖正相適合」，於是在文祥的舉薦下，候補侍郎郭嵩燾被任命為欽差大臣，奉命出使英國。到達英國之後，郭嵩燾「始補頒國書充駐英公使」，成為晚清向外國正式派遣的第一位常駐公使。郭嵩燾（西元一八一八至一八九一年），湖南湘陰人，十九歲進入嶽麓書院讀書，與曾國藩、劉蓉等人相識、相知。他二十歲中舉，三十歲中進士。雙親病故在家丁憂之時，太平軍進入湖南，他力促曾國藩、左宗棠在湖南辦理團練，建功立業。郭嵩燾在仕途上真可謂起伏不定。一八五九年，他在天津幫辦僧格林沁軍務，與僧格林沁不和。一八六三年，他在廣東巡撫任上又與兩任兩廣總督關係不和。郭氏回家賦閒長達八年之久，直到一八七五年出任福建布政使，同年九月受命出使英國。

　　郭嵩燾的性格卓立不群，好友曾國藩評價他是一個有想法、能著書立說的人才。郭嵩燾喜談洋務，滿懷憂患意識。他最早提出西洋各國強盛的根本原因在於制度和文化，中國強國

根本也在於社會制度的變革。

從郭嵩燾擔任駐英公使後，大清政府往海外派出公使成為慣例。一八七八年，陳蘭彬出任第一任駐美公使。一八九六年，伍廷芳出任駐美公使。

郭嵩燾到達英國之後，把五十多天的見聞整理成《使西紀程》一書寄回總理衙門，希望帝國政府能夠刻板印行。京城的士大夫們認為這一書稿「極意誇飾……為之刊行，凡有血氣者，無不切齒」。一八七七年七月，翰林院編修何金壽彈劾郭嵩燾「有二心於英國」，隨後帝國朝廷傳令毀棄《使西紀程》。士大夫集團群起攻之，強烈要求將其撤職。總理衙門準備將郭查辦治罪，有李鴻章為其說情得以倖免，最終還是避免不了被撤職的命運，公使一職由曾紀澤接任。

郭嵩燾回到中國長沙，再次遭到冷遇，家鄉士紳都說他「勾通洋人」，甚至不讓他回到湘陰住所。家人囑咐他少談洋務。他認為閉口不說，等於坐視國家面臨凶險。在這位先知先覺者的內心深處是一種「天下興亡，匹夫有責」的責任感。

郭嵩燾在民族走向現代化的過程中，想發聲吶喊，不幸最終歸於沉寂。郭嵩燾成為一隻孤雁，造成這一悲劇的原因還是觀念和利益。郭嵩燾的思想在士人階層中遭遇冷遇和抵制，背後是陳腐的觀念和私利這兩個因素在發揮作用。

縱觀晚清時代的外交，多是出於被迫而為。從一八六一年

應西方與中國業務上的需求建立總理各國事務衙門開始，再到設立新式學校培養外交人才，包括派遣駐外公使，多是出於主觀上維持大清帝國政府的秩序運行考慮。

不管怎麼說外交制度隨時勢已經發生改變，外交現代化的步伐已經邁出去。郭嵩燾主張正視西方的歷史，以《萬國公法》（*Elements of International Law*）作為行使中國對外禮儀的參照。一八七八至一八八五年擔任英、法、俄三國公使的曾紀澤堅持國家主權觀念，主張利用外交手段捍衛國家主權，提倡開放、通商、互利，積極推動中國放下「天朝」觀念進入國際社會。一八八九年被派出使英、法、意、比的薛福成主張學習西方軍事理論和議會制度，從制度、思想上推動中國外交走出世界。

此外，黃遵憲、張蔭桓、何如璋、許景澄等駐外使節都對中國的外交實踐提出過有價值的看法，都已經逐漸意識到中國已經進入新的國際關係格局之中，必須放下長久堅持的「夷夏觀」，以平等觀念處理國際事務，維護中國的國家權益。

革新法律的三尺之劍

大清帝國地方提法司由按察司而來。按察司在職能上處理刑名案件，監察司法工作。中國封建社會傳統法治並沒有「民事」概念，而是將民事歸入刑事案件合併處理。將「民事」、「刑事」概念引入中國的時間是在晚清時期。

　　但這不等於說中國不存在「民事案件」，而是中國古代司法自有它獨特的地方。那就是「刑名」與「錢穀」之說，刑名大抵相當於刑事案件，錢穀大致屬於民事性質。刑名在清代歸臬司管理，錢穀屬藩司管理，或者說，臬司管理司法，藩司管理財稅。藩司布政使處理財稅之外，還要管理民事訴訟。也就是說布政司、按察司分別管理了民事案件和刑事案件的審理工作。

　　大清帝國新政有一個明顯的司法變化，就是將原來長期由布政司處理的民事訴訟提交提法司管理，展現司法獨立。布政司成為單純的行政機構，提法司管理一切司法事務。地方提法司作為中央法部分司，其下還設立了高等審判廳、地方審判廳、初級審判廳和相對應的檢察廳。[25]

　　大清帝國新政在現代法制建設上邁出了可喜的一步。《刑律》、《民律》、《刑事訴訟律》、《民事訴訟律》發表，《刑律》頒布實行，加上《各級審判廳試辦章程》的實施，邁出了中國司法獨立、實行現代法制的第一步。這些法律此後得到長期沿用，影響自是深遠。《商人通例》、《公司律》、《破產律》、《商會簡明章程》、《大清銀行條例》《商標註冊試辦章程》等等商事單行法律頒布施行，也為民族資本主義經濟的有序發展，提供了必要的司法保障。

25　吳宗國：《中國古代官僚政治制度研究》，北京大學出版社，2004 年 11 月版，537—538 頁。

第二章　中國現代化的方向

　　張之洞、劉坤一在「江楚三折」第三折中就向大清帝國政府提到現行礦律、路律、商律及刑律與西方法律不太兼容。一九〇二年，袁世凱建議帝國政府注意司法體制、法律制度方面的改革，向日本學習，借鑑日本一八九九年的法律體制建設的成功經驗，援引日本法律專家，幫助修訂或改造大清法律中與現實互相參差的內容。

　　一九〇二年五月，大清帝國政府派刑部左侍郎沈家本、大臣伍廷芳修訂法律。一九〇三年，專門設立修訂法律館，沈、伍擔任專職修訂法律大臣，正式著手修訂舊法和制定新法。在這一過程中，參考中外法律，「以中國法律與各國參互考證」。

　　「新政」期間的法制改革主要集中於三個方面：

　　其一，刪改《大清律例》，制定新刑律。《大清律例》最初制定於順治朝初年，基本完成於乾隆朝初年，是歷代刑律中最繁苛的一部。「新政」期間的法制改革就是從修改這部律例開始的。一九一〇年新的《大清現行刑律》試行，作為新刑律頒布前的過渡性刑律。

　　刑律取消了六律總目，將舊律中的繼承、分產、婚姻、田宅、錢債等純屬民事的條款劃出，以示民刑有別；更定刑名，將笞、杖、徒、流、死五刑，改為死刑、徒刑、流刑、拘留、罰金，以示中外無異；改革死刑執行辦法，規定「死刑僅用絞刑一種」，刪除凌遲、梟首、戮屍、緣坐、刺字等酷刑。從一九〇六到一九〇八年在日本顧問岡田博士的幫助下，完成了

《大清新刑律》的制定,並於一九一〇年十二月二十五日頒布,
預定一九一三年實行。

新刑律是中國第一部近代刑律,它以「折衷兼採、不戾禮
教」為基本宗旨。新刑律分總則與分則:總則規定犯罪構成要
件,刑罰的一般原則;分則規定具體的犯罪和處罰辦法。刑罰又
分主刑和從刑,主刑有死刑、無期徒刑、有期徒刑、拘留、罰
金;從刑有「褫奪公權」和沒收。此外還採用資本主義國家法律
中的罪名法定主義、猶豫制定(緩刑)和假釋制度等,取消因
「官秩」、「良賤」、「服制」而刑的適應上所形成的差別。新刑
律展現了近代法律精神,它所提出的許多刑名至今仍被沿用。

其二,改革「諸法合體」的傳統法律結構。自古以來,中
國的法典基本上是刑法典,但又包含有民法、訴訟法及行政法
等法律內容,形成了「民刑不分、諸法合體」、民商不分、實體
法與程序法無別的法律結構。所謂「往昔律書體裁雖專屬刑事,
而軍事、民事、商事以及訴訟等項錯綜其間」。沈家本主張,
應「隨乎時運之遞遷」,所以改革舊有的法律結構,民商及訴訟
等律法均應該特別編纂。為此,修訂法律館「注重世界最普遍之
法則」,「原本後出最精確之法理」和「求最適於中國民情之法
則」,制定了《大清民律草案》、《刑事訴訟律草案》和《民事
訴訟律草案》等部門法與單行法規。一九一〇年農工商部據各
商會所編的商律調查案,編定了《大清商律草案》。這些部門法
及單行法規大多未及頒行。

　　其三，「政刑」分離，司法獨立。在中世紀的中國，政刑之權「叢於一人之身」，上自皇帝，下至州縣長官。沈家本根據資本主義行政、立法、司法三權分立的原則，力主「司法獨立」。司法獨立不僅可收統一事權之效，且可為「異日憲政之始基」。因此，其後沈制定了《各級審判廳試辦章程》和《法院編制法》。編制法規定全國的法院分為初級、地方、高等審判廳，大理院四級，分設於縣、府、省、中央，採用四級三審制。並在大理院和地方審判廳設立相應的檢察廳，各級審判廳和檢察廳專司審判而具受法部的行政監督。

　　一九〇七年，在法部的主持下，創設審判廳於東三省，並試辦於直隸、江蘇兩省。中國之司法、行政分立自此而始。舊律的刪改修訂，新法如刑法、民法、商法、訴訟法的編纂，司法獨立的試行，這三個方面共同合成了中國法制走向現代化的關鍵一步。新法富於近代法律的色彩，但由於舊觀念、舊勢力的抵制而沒有發生多少實際作用。

　　十九世紀末，大清帝國政府開始注目於「商政」，講求商務，並接受了督辦政務大臣奕劻等人的奏請，於一九〇三年七月在中央設立商部。對於農本商末的傳統中國，由政府出面倡導實業，不能不說是一個大變化。商部成立後，帝國政府開始制定商律，先後頒行了《商部章程》、《獎勵公司章程》、《商人通例》、《公司律》、《破產律》、《商會簡明章程》等一系列商

法。這些商法以法律的形式肯定了工商業者的社會地位，為工商業者的經營管理活動和合法權利提供了某種保護，對扭轉卑商賤商的社會風氣是有好處的。

一九〇六年，清政府對中央各部進行改組，將工部併入商部，成立農工商部，將原由商部管轄的輪船、鐵路、郵政事務劃歸新設立的郵傳部。推行商部的獎勵實業政策，同年頒布了《獎勵商勛章程》，第二年又先後頒行了《華商辦理實業爵賞章程》和《獎勵華商公司章程》。這些章程構成了晚清政府獎勵實業政策的基本內容。

民族意識之旗的徐徐上升

民族主義曾是革命黨人反對外來壓迫的一面旗幟，同時這面旗幟帶有的雙重性意義，就使得排滿浪潮的發起，成為一種貌似合理的情感宣洩。在那個民族災難深重的年代，這自然是一種民族意識的顯現。民族意識的自覺具有的兩面性，一方面有助於維護民族文化的多元，另一方面將中國民族分為了多種不同等級。特別是對多民族國家的統治階級來說，助長了本利益集團壓制其他利益集團的風氣，最終不利於國家意識的建立和國家認同。[26]

26　馬勇：《大變革時代：1985—1915 年的中國》，經濟科學出版社，2012 年 12 月版，148 頁。

第二章　中國現代化的方向

　　於是終大清帝國統治一代，滿漢之間不可避免地出現了改革與保守的較量、穩固和流血的衝突。

　　在政治機構中，雖然滿漢官員的對比一直呈現滿比漢多、以滿為主的格局。但在滿族官僚心目中充滿了對漢族官員的排斥。李提摩太在〈中國的維新運動〉中提到，他與大學士剛毅談話時，剛毅直指翁同龢控制內閣影響光緒皇帝的視聽，認為漢人才是怙惡不悛的執行者。當然這很片面，特別是軍機處成員之間不可避免會有權勢利益的爭鬥。

　　維新派成員多為漢人，他們認為在中外之間的鬥爭中，大清一敗再敗與滿洲貴族的腐朽不無關係。滿洲貴族也不是一味排斥改革，只是因為他們是統治階級，所以改革必須以不影響和傷害滿洲貴族的既得利益為前提。

　　所以面對改革的矛盾，滿漢之間似乎並不能有效調和。維新派認為拉攏住皇帝就可以促進改革，並向頑固派滿洲貴族進行針鋒相對的反擊，以致他們屢屢請求光緒帝罷斥守舊大臣。而作為帝國首腦人物的光緒只是一個櫃臺演戲後臺操縱的木偶式人物，因為缺乏足夠大的權威不僅無法調和滿漢間的矛盾，反而遭致滿洲貴族的反攻倒算，失掉了僅有的「皇權」，維新全面走向失敗自然成為預料之中的事情。

　　康有為適逢其時地請求皇帝斷髮、易服、改元的奏摺成為壓垮駱駝的最後一根稻草。

時至九月，維新事業已很危險，康有為上書請求「皇上先斷髮易服，詔天下，同時斷髮，與民更始，令百官易服而朝」，並「大集群臣誓於天壇太廟，上告天祖，下告臣民……即以今年改元為維新元年！」[27]

清帝國建國之初便有「留髮不留頭」之說，辮子是個敏感的物件。蘇繼祖在《清廷戊戌朝變記》曾記載：變法之初慈禧太后有對光緒說過「汝但留祖宗神主不燒、辮髮不剪，我便不管」的話。不過，即使慈禧太后說過，她那樣一個權力狂人怎會在影響自己的權利時說話還算數。

維新意識代表著中國人民族意識的覺醒，滿漢之間是如此，在近代列強欺凌之時更是如此。民族面臨危機，康有為呼籲振朝綱、行變法，「以恢屬地而雪仇恥不難矣」。這裡在民族問題上雪仇恥，顯然成為一個瀕危民族的政治目的。

只是不能在危難之時冷靜地去思考，就很難看到對手的長處，尋找到自己的短處，陷入自卑的深坑，不能從容應對，陷入一種懷疑主義的失誤。

懷疑清朝治理者治國的能力和動機，懷疑中華千年文化遺產的現實有效性。舉凡憂國憂民的官僚士大夫無不懷著這種思想傾向，特別是甲午之戰敗給東方小國日本以後，民族主義、功利主義加復仇主義，充斥於東方知識分子心目之中。

27　康有為：〈請斷髮易服改元折〉，《康有為政論集》，中華書局，1998 年 6 月版，369 頁。

第二章　中國現代化的方向

　　強烈的民族主義情緒，使他們始終無法對外國列強建立一種客觀的態度。既對西方勢力充滿防範，在一定程度上又產生依賴，想獲得他們的支持和同情。不僅維新派如此，後期的革命派也是如此。

　　在日本明治維新成功範例的影響下，晚清帝國的國家觀念，無論是以梁啟超為代表的改良派，還是以孫中山為代表的革命派，在他們眼中國家被視為一個有生命體，意志獨立和精神獨立，國家與國民開始成為互為表裡的一體。[28]

　　近代民族國家與傳統意義下的國家概念差異極大，今天的世界是具有獨立主權的民族國家匯集而成的，和古代的天下觀念自是不同。中國古代的天下觀念是以中國為中心的「差序格局」。古代中國是自我中心的世界。所以，中國在古代是一種地理概念，基於文明和文化的認同，「華優夷劣」的思想一直延續到二十世紀末。

　　在民族危亡中，中華民族的觀念逐漸取代了單一的漢族概念。作為現代的民族國家共同體，民族提供了共同體的獨特形式，而民主提供了共同體的政治內容。傳統的天下共同體到晚清在西方的衝擊下逐漸發生了瓦解。自魏源以後，中國士大夫隨著對世界地理的了解，逐漸放下了華夏中心的想像。帝國的朝貢體系也被現代民族國家共同體的理念所取代。

28　許紀霖：《家國天下》，上海人民出版社，2017 年 2 月版，411—412 頁。v

在晚清思想界，在民族主義問題上，最有代表性的是孫中山、章太炎所代表的族群民族主義，和梁啟超所代表的國家民族主義。這兩種民族主義所指向的敵人，前者是作為內部統治者的清帝國，後者是作為大中華民族（包括了漢滿蒙回藏民族）外部敵人的各國列強。在晚清的民族國家建構當中，無論是革命黨，還是立憲派，他們關注的問題中心，是作為一個政治實體的國家。梁啟超和孫中山的兩種民族主義的基本思想脈絡一直延續到民國。

對民族主義做出完整思考的是梁啟超，他提倡的是政治民族主義，他所要解決的問題是：如何從天下轉到國家？如何從奴隸轉到國民？他將「群」、民族、民主觀念重組。在〈新民說〉中，梁啟超強調透過公民團結、清晰的民族感、人民主權以及自由民主制度，為建立國家正當性達成統一。一九一二年，梁啟超提出國性論，認為國有國性，透過民族語言、民族道德和民族文化表現出來，他的思想也開始從國民民族主義轉向文化民族主義。[29]

29　許紀霖：《家國天下》，上海人民出版社，2017 年 2 月版，68—75 頁。

農村社會的變革

大清帝國時代，作為地方基層組織的鄉村由地方菁英治理，即由地方保甲長們出面幫助政府收繳稅賦並維持地方治安，村莊首領向縣衙負責，保護一方安寧。只是這些地方菁英的權力是非正式的，儘管他們背負的是帝王統治下的國家。只是除了繳納稅收，國家政治離老百姓真的很遠。村社的平衡由地方耆老利用大宗族權威的力量來維持。

從大清帝國晚期開始，國難接踵而至，對地方上的治理要求已經大大超出了村社首領們的能力範圍，他們利用親族和個人威望已經很難去經營這片土地。首領們既無法滿足上面的貪殘，更無法保護一方平安，大家開始紛紛逃避這個職務。華北村莊裡，小自耕農組成村自衛組織，並分擔稅收負擔。村莊首領棄職而去的村莊，隨著領導職位的易位，強制統治成為唯一可行的方式。

一九一一年，帝制國家崩潰，原有的士紳階層崩潰後，鄉村中原有的社會秩序也無法倖存下來。農業社會中，遇到重大災難年景，村中青壯年有部分可能會遠離土地變為盜匪，老弱則會外出行乞淪為流民或乞丐。盜匪是無法正常經營農業生活狀態下的產物。

中國農村在歷經西方商品傾銷的巨禍之後，農村中的家庭手工業和農業的牢固結合被打破，城市中工業的發展強烈的摧

毀了農村家庭的手工業，農民的生活變得更加貧苦和不安定。「除了舊生產方式逐步解體所產生的苦難之外，還應當有新生產方式破土而出的生機和朝氣。歷史的主題應當是後者而不是前者。」[30] 不用多說，農村地區自然經濟的逐步解體為新的生產關係的增加奠定了基礎。

晚清和民國早期，在鄉村中匪患的數量的確增加了。部分軍閥出身於匪首，農民也會在兵與匪之間來回轉換。源於俠義行徑的傳統，匪患多要避開本鄉本土劫取財物，軍閥也往往不能真正護翼一方水土。他們之間會迴避，放幾聲空槍成為友好的傳遞方式，既避免真正交火，也給官方以充足理由來維持地方軍隊的必要性。

二十世紀的中國，隨著士紳階層的退出，農村出現的新首領主要以強制方式統治本村區域，成為「土豪劣紳」的起源。這些人實際上成了包稅人，在農村實施敲詐勒索的事情。「土豪劣紳」與傳統士紳或真正的村莊首領不同，他們沒有任何正當性。在新的氣氛中，村民在道德體系下各安其位，國家也試圖限制地方掌權者的特權。

傳統菁英的正當性源於他們與皇權的聯繫，鄉村社會也是如此。家族中若有人中舉，就可以用門第來顯示自己的新身

30　陳旭麓：《近代中國社會的新陳代謝》，上海社會科學院出版社，2012 年 6 月版，142—144 頁。

分。辛亥以後，革命派都督或袁世凱的將軍，正當化路徑已經無法延伸出省城的範圍。在君主制崩潰後，地位關鍵的士紳階級將無法倖存下來；而在士紳階級崩潰後，鄉村中的社會秩序無法平靜下去。[31]

　　民國初年以後，主宰農村命運的往往是無文化和反文化的階層。作為傳統農村社會中維持經濟政治紐帶的鄉紳越來越多都離開農村社會，他們相當程度上傳遞儒家文化下的倫理道德說教，維持農村文化生態平衡的作用被打斷了。更多的土豪、惡霸成為農村的代理人和收稅人，成為壓迫農民的幫兇，農村的自主性和自治性逐漸消失。土豪惡霸禍亂村鄉成為一種民國治理下的惡性循環現象。[32]

31　沙培德：《戰爭與革命交織的近代中國》，中國人民大學出版社，2016 年 5 月版，128—132 頁。

32　蕭功秦：《危機中的變革》，廣東人民出版社，2011 年 1 月版，185—186 頁。

社會風尚習俗的現代化

鴉片戰爭以後，中國傳統文化就開始面臨著越來越大的外來影響和衝擊。中國社會公民的衣、食、住、行等物質生活在新式文明浪潮的影響下，發生著新的漸進式的變化。

（一）日常生活的變化

傳統社會中，中國人的衣、食、住、行有著明顯的階級區分。晚清以來，中國傳統的衣、食、住、行出現新的符號，帶來了新的改變。

出現了樣式顏色都有較大變化的男女服裝，服裝逐漸失去了象徵身分的含義，隱去了政治色彩，服裝顏色例如黃色也不再為某些人所專有。這種變革在北京、上海等城市表現得更為突出。

馬甲這種無袖短衣，清初時內穿，晚清時更多是穿在外面。長袍外罩馬甲成為滿族婦女常見的裝束。男式馬甲有大襟、對襟及琵琶襟等形制，絲帶鈕釦，形式多樣。

中國人的傳統飲食文化受到西方影響，西方飲料、點心加入中國餐飲文化中。西餐成為近代上海新的文化元素。茶是中國招牌飲料，到了近代外國汽水、冰淇淋、冰棒、咖啡等飲料進入中國。洋酒開始傳入，有白蘭地、香檳、威士忌等。西餐菜餚、罐頭進入大戶之家的餐桌。西式餐廳在大城市增加，出入西餐廳漸漸成為一種時尚。

第二章　中國現代化的方向

一八六六年，上海出版了一本美國傳教士編寫的《造飯洋書》，全書二十五章，記載了兩百六十七個品種的西餐菜品，有用稻米做原料的布丁飯，完全是中西合璧的做法。隨著中國留學生旅日和回國人數的增加，大量的日本食品進入中國，如鮑魚乾、魚翅、海參等。

近代鴉片戰爭帶來了西方租界，也帶來了高樓大廈，上海外灘成為西式建築的代表。晚清時期中國人也開始接受西式住宅，採用西式的布置風格和家具。天津的小洋樓、青島的歐式建築、杭州的別墅，甚至包括大城市的公共建築也出現了西式風格。普通百姓室內也有用西式家具作為陳設的。

晚清時期，新的照明器具如煤氣燈、電燈等相繼出現在主要城市中，西方掛鐘、座鐘、懷錶等計時器陸續出現在中國的士紳家中。文具如鉛筆、鋼筆、墨水也開始在城市買辦、官僚、富商群體中使用。

鐵路和公路的修建，火車、汽車、電車等新式交通工具紛紛進入人們的視野，它們成為一種新的代步工具，改變著傳統的交通，適應著新的時代節奏。說起近代中國最早的鐵路，當屬一八六五年秋，英國人杜蘭德（Trent）修的宣武門外那條僅有一里長的行駛小火車的鐵路。一八七三年，英國吳淞鐵道公司購得上海、吳淞間土地，一八七四至一八七六年兩年間完成了一段上海至江灣的鐵路，這是近代中國第一條正式投入營運的鐵路。

大清帝國政府考慮到不允許修築鐵路的禁令，和地方村民與鐵路公司多次衝突的事實，用二十八萬兩白銀購得並拆毀。

李鴻章創辦開平煤礦為降低運費，多次奏請帝國政府修築唐胥鐵路。一八八一年，全長十一公里的近代中國第一條自建鐵路誕生，一八九四年延展至兩百公里。一八九一年，臺灣巡撫劉銘傳修建了一條從基隆海口到臺北的全長二十八公里的鐵路。一南一北兩條鐵路為中國交通運輸的現代化邁出了艱難卻又重要的一步。此後到一九一三年中東、南滿、滇越、京漢、粵漢等十餘條鐵路先後建成，一九一九年全國築路里程達到了一萬公里以上。

發展到民國時代，境內鐵路的修建，可以分為由外國公司建造並管理的，如俄羅斯在東北、日本在南滿、德國在青島、法國在雲南修築和管理的鐵路；由中國人自己修建的，如綏遠線和廣東鐵路；由中國政府負責建造，但是向海外融資的。鐵路方便了國民出行，進出口的大宗商品又需要鐵路來維持必要的運輸。[33]

（二）禮儀習俗的變化

晚清時期，在西方文明的影響下，傳統禮俗也發生了不少變化。人生禮儀方面，趨向於簡潔。婚禮多在禮堂或旅社舉行，男女雙方互換戒指，有主婚人和證婚人，要進行筵宴。採用新式婚禮的青年男女多有衝破舊的傳統習俗的意思。新式喪

33　鄭曦原：《共和十年》，當代中國出版社，2011 年 8 月版，313—316 頁。

禮也有透過花圈和輓聯表達親朋的祭奠，葬期縮短，出殯採用簡易方式，不用儀仗，反映出移風易俗的氣象。

社交禮節方面，辛亥革命後，一些大城市中開始推行鞠躬。外出與人相遇時，男子脫帽鞠躬，女子只鞠躬。清末民初，名片在上流社會和小商人階層中使用。男女公開社交，女子開始走出家門，進入戲院、宴會等場所。鄉村地區舊的社交禮儀仍大量甚至原封不動地維持著。

在近代國家政治禮儀中，大清帝國政府原無國旗，一八八八年北洋海軍建成後，帝國政府開始把黃色青龍旗作為國旗。一八九六年，北洋大臣、直隸總督李鴻章赴西歐和俄國訪問。李中堂臨時編制七言絕句「金殿當頭紫閣重，仙人掌上玉芙蓉。太平天子朝天日，五色雲車駕六龍」當作國歌使用。此後十多年，在帝國政府的外事活動中一直沿用。直到武昌起義前夕，大清政府才最終確定了國歌 ——〈鞏金甌〉。

（三）娛樂文化新浪潮

晚清時期，隨著西方文明不斷進入，電影深受民眾歡迎。一八九六年九月，上海徐園第一次放映電影。一九〇二年，北京才開始放電影。一九〇六年，北京出現多家看電影的場所。進入二十世紀以來，電影放映在通商口岸大中城市中陸續出現。

社交中創辦音樂會、舞會之風出現。西方近代體育運動也傳入中國。一八五〇年上海跑馬廳出現，拋球、板球、划船、

足球運動先後出現。西式運動及遊戲頗為新奇，逐漸被中國人接受。重大節慶期間，傳統活動仍盛行，如賽龍舟、拔河、摔跤、放風箏、盪鞦韆、踢毽子都是民間普遍的娛樂活動。

（四）革除陋習

一九一二年，孫中山解職時，在演說詞中提道：「又凡政治、法律、風俗、民智種種之事業，均須改良進步，（中國）始能與世界競爭。」

南京臨時政府成立後，頒布了一系列變革舊俗的政治法令，有助於改良舊的風化。宋教仁、蔡元培等人發起成立了社會改良會，具體化為三十六條章程。

其中引起最明顯變化的是禁止纏足。《癸巳類稿》中考證，纏足始於南唐，大盛於南宋，已存在一千多年。一代影響一代，婦女們的痛苦仍在繼續。鴉片戰爭之後，外國傳教士成立「天足會」，勸誡人們不要纏足。一八八二年，康有為在廣東成立「不纏足會」。戊戌期間曾設立學會以勸阻社會纏足，晚清新政也發表過不准纏足的禁令。一九〇三年，在日本舉辦的國際博覽會出現醜化中國人纏足、吸鴉片等形象的事發生，引起了中國反對纏足的高潮。但真正掃除這一酷習則是在辛亥革命之後。

一九一二年三月，南京臨時政府大總統關於禁止纏足致內務部令：「至纏足一事，殘毀肢體，阻閼血液，害雖加於一人，病實施於子姓，生理所證，豈得云誣。至因纏足之故，動作竭蹶，

深居簡出，教育莫施，世事罔問，遑能獨立謀生，共服世務。」

　　大多數貧困地區纏足之風仍舊盛行，徹底根除相當困難。

　　另一項重大習俗變革是剪辮子。說起剃髮蓄辮是滿洲少數民族的習俗，清軍入關後就成為漢人臣服於清帝國的象徵。甲午中日戰後，流亡海外的革命者及留學生最早宣揚並帶頭剪除髮辮。一八九五年，孫中山、陳少白等革命黨人以反滿為號召，在日本剪除了辮子，極大地影響了當地的華人華僑。一九〇六年，在華人聚集地舊金山，剪辮成為一時風氣。眾多留學生歸國後，引導了中國剪辮之風，江南地區的學生中剪辮子成為時尚的代表。

　　帝國新政使開明派不再堅持蓄辮，一九〇五年新編陸軍和新練警察乘著改革制服之機剪去髮辮，從而使軍中剪辮之風擴及學堂。一九一〇年十月，資政院透過「剪髮易服」的議案，帶動廣東、京津地區和東三省等地的剪辮之風。武昌起義後，帝國政府任由民間自由剪辮。革命黨的一項巨大改良步驟和措施，也是剪除象徵滿洲統治的辮子。剪辮浪潮不斷擴散直至深入到中小城鎮和農村地區。南京臨時政府成立後，頒令全國施行剪辮，剪辮子蔚然成風。

第三章　民國初年的政治

宋案的背後

　　中華民國臨時政府關於在採用什麼樣的政體上，曾產生過激烈爭論。孫中山認為在資產階級勢單力薄、國民素養差的國情下，實行總統制好，並且提出了民主過渡方案。初期總統在政治架構中權力明顯。宋教仁贊成內閣制，想透過議會形成對總統權力的監督和限制。孫中山先生的主張獲得多數人的支持。這樣，新成立的中華民國將採用以總統為權力樞紐的政體形式。

　　當袁世凱被中外各種勢力所看好之時，大總統職位虛位以待的情況已成為既成事實之時，在將來的政府中如何去限制袁世凱的權力，已經成為擺在革命黨面前的難題。革命黨人所能想到的，就是移花接木的方式 —— 用法式共和體制代替美式共和體制。實質上就是讓內閣總理成為國家元首，總統只是也只能是一個虛職。

　　一九一二年一月，參議院成立後，制定了各項法律規章，其中最重要的一項為《中華民國臨時約法》。《臨時約法》規定了一系列關於公民的權利，財產自由、居住自由、言論、出版、集會結社的自由，核心為內閣總統制。《臨時約法》賦予臨時總統總攬政務、公布法律、制定官制、任免官員的權力，內閣總理直接向國會負責。總統行使職權，國務總理及各部總長副署，諮送參議院審議通過。

　　二月十二日，宣統下詔退位，兩百六十八年的大清帝國從

此退出歷史舞臺。三月十三日，唐紹儀出任國務總理，由他全權建立中華民國政府。

說起唐紹儀，一八七四年，他在族叔唐廷樞的保薦下，隨容閎到美國留學，後進入哥倫比亞大學。美國的七年生活，「不僅令他掌握了流利的英文，而且還熟練掌握了將政治作為走秀的美式風格」。一八八一年，唐紹儀歸國，在天津的洋務學堂讀書，後被政府徵調到日本。在朝期間受到袁世凱的信任並建立起彼此的友誼。一八九六年，唐紹儀正式擔任了中國駐朝鮮總領事。他於一八九八年九月回國時，已是名動一時的人物。

一九一二年三月，唐出任民國首屆內閣總理。他起初認為「孫中山的思想、袁世凱的實力」是近代中國發展的基礎。他意氣風發想大顯身手，挑選宋教仁、蔡元培、陳其美等同盟會骨幹成員入閣，分別擔任農林、教育、工商總長。其後由外交總長陸徵祥、內務總長趙秉鈞、財政總長熊希齡、陸軍總長段祺瑞、海軍總長劉冠雄、司法總長王寵惠、教育總長蔡元培、農林總長宋教仁、工商總長陳其美組成的唐內閣經參議院表決通過。這一屆內閣中，同盟會員雖占半數以上，不過外交、內政、陸海軍、財政交通等實權部門都由袁世凱的人擔任。唐紹儀具有政治家的素養，辦事幹練、勤於公務，注重辦事效率，使政府辦公呈現出一派新氣象。

最初，袁世凱接受了唐紹儀維護《臨時約法》、堅持責任內

第三章　民國初年的政治

閣制的行為，但不久後他感覺到越來越難受，那是來自《臨時約法》和議會對他的約束。袁世凱也越來越清醒地意識到，革命黨人利用了他的威信和聲望的同時卻在削弱他的權力。對於這個舊時代最善於運作權力的官僚，你能如何讓他甘心交出自己的權力呢？

　　於是出於權力和制度之爭，袁唐之間的矛盾不斷升級。兩人首次的大衝突是因為向「六國銀行」借款一事引發的。

　　民國初建，國家秩序的混亂，財政狀況的困境，導致國家缺乏經費以保證正常運行。一九一二年初，國民政府首先面臨的難題，就是南京附近的數萬官兵需要數額二百五十萬兩的遣散費。艱難的財政局面，讓唐紹儀內閣憂心忡忡，迫使唐紹儀準備向外國銀行借貸化解危機。他先是在參議院發表演說，闡述國家需要一筆兩億一千五百萬兩的款項來滿足各項事業開支。然後，唐紹儀向英、法等六國銀行正式提出借款要求。由於借款條件的苛刻，唐紹儀準備放棄借款。袁世凱讓財政總長熊希齡出面直接跟六國銀行洽談。同盟會員與熊希齡所在的共和黨，相互之間因借款的事透過報章評論等手段口誅筆伐、指責對方。六國銀行代表見狀宣布貸款談判延期。唐紹儀出於鬱悶向袁世凱提出了辭職，經好言勸慰暫時收回了辭呈。

　　當時，全國共有超過百萬的軍隊，中央財政根本無力支付龐大的軍費開支，於是下令地方自籌解決。由於經濟困難，黃

興將所屬的十萬軍隊，三分之一撤回各省，三分之一交江蘇地方財政負擔，三分之一遣散。革命黨軍隊被改組的做法，遭到了同盟會會員和其他革命黨人的強烈反對，他們將矛頭直指唐紹儀內閣。一九一二年六月，直隸省議會選舉王芝祥為直隸都督，袁世凱卻拋開總理附署權，任命馮國璋任直隸總督，而改派王芝祥為南方軍隊宣撫使。唐紹儀不同意袁世凱的做法，強調王芝祥任直隸總督是最初就定下的，堅決不簽字。由此，袁、唐矛盾大公開，唐紹儀「徹悟袁之種種行為，存心欺騙民黨」，最終選擇了辭職。

唐紹儀辭職之後。同盟會要求全體盟員退出內閣，宋教仁辭去了農林總長職務，蔡元培辭去了教育總長的職務。面對正式國會就要產生、臨時政府結束在即的事實。宋教仁意識到，必須盡快改組同盟會推行政黨政治，由參議院選出內閣總理，再由總理組閣。

為維持政局的正常運轉，袁世凱提議參議院由外交總長陸徵祥出任國務總理。陸徵祥精通外文，早年出任過清政府駐俄國和荷蘭的使臣。陸本人既不是同盟會的人，也不算袁世凱的人。陸雖然遭到同盟會議員的反對，由於共和黨及進步黨議員能夠接受他，最終還是通過了參議院投票，順利當選為第二任國務總理。

只是其後參議院將袁總統提任的六部總長全部否決，陸無

法組閣，政府工作無法正常開展。由於當時的中國還不習慣於議員政治，社會各階層認為共和制就是無理取鬧、吵鬧和打架。更多人表現出對新制度的擔心和質疑。在此期間日俄第三次密約簽訂和英國對西藏的染指，舉國上下群情憤怒，北方的軍警界更是對議員們不顧國家大局的做法不滿，通電全國，散發傳單表示抗議。章太炎、張紹曾、孫毓筠等社會名流聯名致電副總統黎元洪，建議簡化程序，便宜行事。章太炎說：「借款不成，東使西行，處分支那，已在商議，往返四月，勢即瓜分。原其藉口，在中國政府之無能力；政府之無能力，在參議院之築室道旁，議在錐刀，破文拆字，用一人必求同意，提一案必起紛爭。始以黨見忌人，終以攻人利己……名曰議院，實為奸府……宜請大總統以便宜行事，毋容拘牽《約法》，以待危亡。」袁世凱將最有影響的參議員接到總統府，勸說議員們顧全大局，以國事為重，同時籲請北方軍人恪守軍律。不久新的六位總長名單送交參議院，除一人被否決外，其餘獲得通過。幾天後，參議院通過了最後一位總長的名單。陸徵祥內閣終於宣告成立，參議院很快又啟動了對陸「失職案」的彈劾。這樣的內閣總理，實在無法擔當，陸提請辭職。

民國建立初期，國民黨代理理事長宋教仁很想做出一番政黨的偉業。《國民黨宣言》中，提出在中國以實行平民政治為宗旨，運用政黨內閣完成共和政治。在宋教仁的親自領導下，

國民黨在眾、參兩院八百七十個議席中大勝，占據三百九十二席。按照《臨時約法》的規定，議會第一大黨自然組閣，宋將會成為責任內閣的魁首。宋馬不停蹄地奔走於兩湖、江西等地，為宣傳未來的政黨政府造勢。

一九一三年三月二十一日，上海老火車站，黃興、廖仲愷、陳其美、于右任等國民黨中央委員與代理理事長宋教仁握手話別的當下，遭到一個身材瘦小的男子的槍擊。準備動身北上的宋教仁意外遇刺，不久身亡，時年三十一歲。宋教仁的被殺引起輿論大嘩。

遠在日本的孫中山聞訊悲痛不已，即時啟程返回上海。黃興、陳其美致函上海總巡捕房，希望盡快緝拿兇手。袁世凱接連發電慰問，並幾次責成江蘇地方當局偵破此案。雖然偵緝中牽扯出國務總理趙秉鈞，但隨著刺客武士英的暴斃，中間人應桂馨的死亡，趙秉鈞的外調和離奇死亡，洪述祖的守口如瓶到被判電刑，使這個案件最終成為歷史謎案，成為中國憲政運動失敗的記憶。

自由、民主的現代社會制度的運作關鍵，要看政治制度的合理和矛盾的平衡、民間社會大眾傳媒的監督、執政官員和政治家恪守法治軌道以及民智水準。民國初年，考察其政治制度的設計，官智、民智的水準，都沒有達到實現民主政治的程度，社會文化和法律基礎更是異常薄弱。

第三章　民國初年的政治

皇帝美夢到天亮

一九一三年四月，第一屆國會發現了袁世凱以鹽稅作擔保，與五國銀行簽訂了「善後大借款」的祕密。當時，六國中的美國因為總統威爾遜認為對中國主權有嚴重傷害，沒有加入。袁世凱借款瞞著國會也是害怕國會反對。當年，唐紹儀借款招致國會反對，導致六國銀行取消了對民國政府的借款。

袁世凱對國會權威的挑戰，首先招致國民黨人的強烈反對，黃興通電公開表示反對，孫中山則對袁氏向五國銀行的借款一事提出抗議。國民黨參、眾兩院的議員以蔑視國會罪彈劾袁世凱。善後大借款雖然鬧得沸沸揚揚，五國銀行還是預付給袁政府二百萬英鎊。五月五日，湖南都督譚延闓、江西都督李烈鈞、安徽都督柏文蔚、廣東都督胡漢民，聯名反對袁世凱，國會參、眾兩院否決了袁世凱的借款議案。

其間，以立憲派人士為主，民主、共和、統一三黨合併成立進步黨，理事長為黎元洪，理事為梁啟超、湯化龍、張謇、伍廷芳、孫武、那彥圖等。進步黨成為袁世凱的工具，在袁總統發現政黨的力量之後，用於對抗國民黨。

面對國民黨的反對，袁以中央名義下令免去李烈鈞的江西都督，以黎元洪兼署江西都督；廣東都督胡漢民調任西藏宣撫使，任命陳炯明為廣東都督；安徽都督柏文蔚調任陝甘籌邊使，任命孫多森為安徽都督。

七月，李烈鈞在江西宣布獨立，黃興在南京成立了討袁軍。安徽、廣東、福建、湖南、四川幾省先後宣布獨立。「二次革命」爆發了。

袁利用軍事上的優勢和五國借款，一鼓作氣拿下九江、湖口。南京戰場，馮國璋部勢如破竹占據南京。兩個月後討袁軍「流水落花春去也」，獨立各省先後取消獨立。孫中山、黃興出走日本。

袁世凱先後解除了湖南譚延闓、浙江朱瑞、雲南蔡鍔、廣西岑春煊的兵權。袁安排湯薌銘督湘、李純督贛、倪嗣沖督皖、馮國璋督蘇，長江中下游地區盡收其手。任命龍濟光出任廣東都督，段芝貴出任湖北都督。震懾徐州的張勳、山西的閻錫山、奉天的張作霖不敢越雷池一步。

一九一三年十月四日，運用袁炮製的先選總統後建憲法的程序，國會憲法會議公布了《大總統選舉法》。十月六日，袁世凱正式當選為中華民國正式大總統。十一月四日，袁堂而皇之地發布總統令，以「二次革命」為由，下令解散同盟會，收繳同盟會議員們的證書、徽章。同盟會共四百三十八人被剝奪議員資格。國會從此因達不到法定開會人數而名存實亡。一九一四年一月十日，袁世凱與國務總理熊希齡共同署名，發布總統令解散國會，把議員們打發回了老家。

總結袁走向獨裁統治的路線。第一步是軍事上的占領，中

第三章 民國初年的政治

國廣大地區被納入袁的軍事控制下。「二次革命」似乎給了他這樣一個機會。除六個省外，所有內地省分都被拿下了。只剩下邊遠的南方，人口不到全國的四分之一，無力對抗中央。第二步收回省內任命官吏的權力，使之回到北京手中。地方官吏被大量解職，中央集權的統一在一九一四年幾乎達到了民國時代的頂點。一九一四年春，袁頒布了條例，逐步恢復了文職官員在政治上的優勢。在削弱各省軍方權力的前提下，強化各省巡按使的權重，軍方不再參與包括收稅和任命縣知事的民政事務。

民國之初的政局，人們在掙脫封建綱常之後，社會暫時處於一種道德失範狀態。對於多數人來說，秩序遠勝過自由和權利。甚至出於安全感，一些人陷入對逝去時光的懷念之中。皇帝沒有了，新的權威沒有建起來，社會秩序遠沒有革命前平靜安寧。社會矛盾不斷激化，需要新的權威，來穩定複雜的社會秩序，於是復辟派應運而生了。

袁世凱順應時勢成為復辟者就成為可能。復辟派在恢復舊秩序中試圖穩定新秩序，企圖從舊道德的尋覓中達到復古，以穩定社會。於是在一九一四年以後的日子裡，尊孔團體大量湧現，強烈的尊孔復古潮流湧現。

袁世凱面對道德頹勢，對於秩序的維護持支持的態度。他以中央政府名義發布尊孔令，稱讚孔子為「萬世師表」，親自參

與祭孔儀式。康有為、勞乃宣為首的孔會，開始大肆活動，鼓吹還政於清。恢復滿族的皇權，顯然不是大多數人所願意的，只是大多數人對於帝制本身卻有著很深的懷舊情結。人們把民初的社會動盪歸結為缺少絕對權威的緣故。現實的壓力和中國文化回溯過去的習慣，使人們對於過去這樣上心，有些痛於割捨。

習慣於專制和集權的袁世凱，對行使共和制這種國體早有怨言，認為對社會穩定和經濟發展不能夠快速形成決策。各省名義上支持共和制的旗號，暗地裡無不與中央分權。中央政府更是根本不能統領南方各省。除了外交，南方各省都督掌管人權、財權、軍權，甚至中央也不能過問。袁能夠真正安排人事行使職權的地方只有北方直隸、河南、山東外加東北。甚至連北洋舊部也都羽翼豐滿變得不太聽話。

擁袁世凱為帝，起初是由楊度提出並致力推動的。楊度早年投師湖南大儒王闓運，其後東渡日本學習政法，很是推崇君主立憲制度。一九一五年四月，著述〈君憲救國論〉，主要觀點認為中國不行君主立憲，則強國無望。在楊度看來，共和國必須以民主自由傳統為基礎。同樣在這一年，美國人哥倫比亞大學教授古德諾寫成〈共和與君主論〉一文，發表在《亞細亞報》上。古德諾從純學理、法理出發，認為各國採用什麼樣的政體，關鍵看是否適合本國國情，並由各自國家的歷史脈絡和傳統決定。此外，日本人有賀長雄〈新式國家三要件論〉一文，

認為一個新式國家要具備以民主規則運行的國會、司法獨立和發達的小學教育，而中國目前並不具備這三大要素。有賀長雄認為日本之所以迅速富強，就是因為採取了君主立憲政體。

一九一五年八月，由楊度聯合孫毓筠、嚴復、劉師培、李燮和、胡瑛共同發起成立了「籌安會」。六人中身為文化泰斗的嚴復認為按照文明進化的規律，中國採用帝制更為妥當，只是要一些憲法約束。「籌安會」援引了拉丁美洲內戰的例子來證明共和制對近代中國並不適用。籌安會作為學術團體透過對帝制的理論探索，設計保全國家之安全。這一團體隨後又在各省成立了分部，召集了會員進行國體投票，成立各界公民請願團，最終向參政院遞交請願書推動國體的更改。社會上掀起一股恢復帝制的聲浪並愈演愈烈。先後出現了將軍府請願團、軍警請願團、商會請願團、學界請願團、教育請願團、人力車伕請願團……還有乞丐請願團與妓女請願團，可謂盛況空前。

參政院於是召開會議研究如何處理公民請願難題。楊士琦代表袁世凱講話，聲稱大總統是人民公舉，國體如何也應「仍聽之國民」，這種對變更國體態度的意圖明顯是想說，如果全國人民要求袁世凱做皇帝，袁也會遵從國民的意願。

請願浪潮真是一浪高於一浪，最讓袁世凱倍感壓力的是各地督軍和護軍使的勸進文書：「實見中國國情，非毅然捨民主而改用君主不足以奠長久之治安，是以合詞密懇元首，俯仰與

情，扶植正論，使國體早得根本解決，國基早定根本之地位。」
參與勸進的地方軍人有雲南蔡鍔、廣東龍濟光、奉天段芝貴、
河南趙倜、山東靳雲鵬、湖北王占元、安徽倪嗣沖、山西閻錫
山、吉林孟恩遠、黑龍江朱慶瀾、福建李厚基、綏遠潘榘楹以
及察哈爾張懷芝等。心思最複雜的群體，當屬段祺瑞、馮國璋
等手握重兵的北洋嫡系了，最讓他們擔心的，無非是袁世凱稱
帝後，他們的「總統夢」永遠成了一個夢。袁式政權要求各省
都督只管軍事，另設一個管理民政的省長，這樣的做法也是段
等人忌諱的。

　　事情演進到一九一五年下半年，強大的社會壓力已經讓袁
感覺到，如果再不恢復帝制就會被民意所拋棄。十月二日，袁
世凱再一次單獨約見了英國駐華公使朱邇典，商談國體事宜。
袁世凱早年出使朝鮮時，朱邇典擔任英國駐朝公使，兩人私交
不錯。在此之後，無論袁世凱下野回到河南，還是復出就任民
國大總統，朱邇典一直鼎力支持。

　　一九一五年十二月十三日，袁世凱在中南海居仁堂接受了
百官朝賀。參加朝賀的文武官員有：大總統府、政事堂、大元
帥統率辦事處及各部司局長以上各員，軍隊警察師長以上各
員，以及京城附近的地方官員。朝賀禮服沒有統一要求，有穿
軍服的，有穿西服的，也有穿長袍馬褂的，甚至有穿戲服的，
怪誕而滑稽。待袁世凱在御座旁站定，典禮官高呼行禮。袁世

凱點頭示意，接受眾人的致敬或跪拜，只是氣氛並不喜慶，一股憂傷的氣息夾雜其中。

日本人為支持袁氏稱帝，祕密與其進行接觸。「二十一條」的談判，從一九一五年二月二日到五月七日歷時一百零五天，雙方談判二十餘次。最後一刻，袁世凱同意除第五號的七條以外，部分接受了日本的要求。五月二十五日，陸徵祥與日置益正式簽訂所謂《中日條約》，其內容已經刪去了原第五號、第四號，共保留下十三條內容。

談判「二十一條」前後，日本首相、外相出面，向袁世凱表態支持其稱帝。日本駐華公使日置益對中國外交次長曹汝霖說：「敝國向以萬世一系為宗旨，中國如欲改國體為復辟，則敝國必贊成。」袁世凱獲取了關於日本首相大隈支持自己稱帝的訊息後，加快了復辟進程。

一九一五年十月十五日，日本外相石井菊次郎告知英國駐日公使：「在中國南方，反對袁世凱之宣傳正在擴大。故很清楚，倘若試圖恢復帝制，則將爆發起義，英日兩國蒙受之損失將比其他國家更大。無論如何，至少要勸告中國放棄帝制之打算，以防遠東發生動亂。」十月二十八日，日本駐華代理公使小幡酉吉串通英、俄、法、意向袁世凱提出口述警告，對外發表警告全文，鼓動中國民間聲討袁世凱。十二月十一日，日本又串通五國向袁世凱發出第二次警告，聲明五國政府不同意袁氏

恢復帝制。日本這時候的突然反對，是在向袁世凱表明日本對中國問題是有發言權的，也是向世界宣告，日本已視中國為其保護國。

一九一五年十一月十一日，雲南將軍蔡鍔逃出京城，從天津轉道日本、中國香港、越南，返回昆明。十二月二十五日，唐繼堯、蔡鍔等通電全國，宣布雲南獨立，並籲請各省聯電要求袁世凱放棄帝制擁護共和。袁世凱一開始認為征討護國軍與平定「二次革命」，一樣可以很快結束。出乎袁意料的是，這一次不僅是護國軍的力量強得多，而且背景要複雜得多。自己的心腹將領們，不約而同地進行著消極的抵制。真正聽從袁世凱的變得少之又少。陸軍總長段祺瑞，因為不滿袁世凱大權獨攬，稱病不出，不願擔任前敵總指揮的職務。要求馮國璋出任征滇軍統帥一職時，馮同樣稱病不就。到了一九一六年的三月，日本公開承認南方護國軍為交戰團體。五國公使認為袁政府無法平定雲南，他們不能坐視戰事擴大，必須確保社會秩序和外僑安全。戰事一開，袁政府對內無力應對開支，對外獲取借款不得，財政狀況困難不已。

袁世凱想不到改變國體惹出如此大的事來。最初只是想恢復中央的權威，而現在各地自立的形勢竟然如此蠢蠢欲動。到處都是不約而同地落井下石。

袁世凱後悔去如此愚蠢地恢復帝制，決定取消帝制。三月

第三章　民國初年的政治

二十一日，袁世凱召開了各部總長會議，做出決議撤銷帝制並取消洪憲年號。八十三天的皇帝夢宣告結束。袁世凱力圖全力轉向和談，想像各界會給予他恢復共和的機會。只是人們已決定拋棄他了，決意不讓袁留在任何的位置上。

接下來的事情就只剩下眾叛親離了。先是徐世昌辭去了國務卿一職，回了河南輝縣老家。袁世凱想請段祺瑞為任國務卿，段提出恢復法國政體的內閣制。四月分，袁世凱下令委任國務卿組建政府，取消政事堂，恢復國務院和國務總理的舊稱。在悲涼無比中袁世凱擬定了一份退位後的優待辦法，也許只有退出政治舞臺，才能使這個國家重新歸於穩定。既然身敗名裂，也希望能夠體面地結束這一切。

曾經面對皇帝權威的誘惑，袁世凱沒有把持住，滑向了歷史的深淵。在這期間也有苦勸他不要稱帝的人。一位是袁的機要祕書，後來擔任機要局局長的張一麐。另一位是擔任過帝國時代的貴州學政，參與過帝國廢除科舉改革的嚴修。對於兩位國士一般的人物，袁世凱沒有聽進去，知道錯時已經太晚。重病纏身的老袁，只能留待後人評價他的洪憲帝制。[01]

01　張鳴：《張鳴說民國》，中國工人出版社，2013 年 11 月版，90—92 頁。

段祺瑞三造共和

袁世凱死後，北洋系軍閥開始四分五裂，形成諸多派系。各派系爭權奪利互相攻戰，從此拉開了軍閥混戰的大幕。

段祺瑞，字芝泉，一八六五年出身於一個舊式軍人家庭。其祖父段佩早年因鎮壓捻軍有功而躋身淮軍統領。一八七九年，段佩在宿遷駐地意外死亡。從此，段祺瑞過起了顛沛流離的生活。兩年後，段投奔山東威海的堂叔段從德處當了一名小兵。十六歲的段祺瑞從此不幸連連，來威海的第二年父親段從文從威海歸家的途中被害，母親因哀痛過度不幸身亡。父母雙亡後，段祺瑞獲准回家奔喪，作為家中長子，他必須承擔起照顧弟弟妹妹的重擔，養家餬口。

一八八五年，李鴻章創辦的天津武備學堂要從淮軍中招收一批學員。段祺瑞果斷報名並由於成績優異，被選入砲兵科學習兩年。以最優等的成績畢業後繼而被選派德國學習軍事。學習期滿，段再次被指派前往德國克虜伯兵工廠，學習火砲製造和使用技術。一八九〇年，段祺瑞回國後先後任職於北洋軍械局和威海武備學堂，成為近代中國最早的一批留洋軍事人才。

甲午戰後，袁世凱在保定創辦陸軍軍官學校，用人之際，啟用天津武備學堂畢業的高級人才，其中就包括段祺瑞。段來到小站後被委任為近兩千人砲隊的統帶。這是中國近代第一支擁有六十多門速射砲和重砲、近五百匹戰馬的正規化砲兵部

隊。段祺瑞憑藉卓越的軍事才能，很快升任北洋新軍第三鎮統
制。由於受到袁世凱的器重，段仕途順利，成為袁世凱的得力
幹將，成為北洋集團的核心人物。袁進入北京，段統轄北洋六
鎮並做過幾任陸軍總長，迴避袁世凱稱帝而隱居西山。袁世凱
死前，將國事託付給他，段祺瑞順勢擔任內閣總理，成為政壇
上的風雲人物。

　　段祺瑞一生可圈可點，連毛澤東都對其有「化敵為友」的
評價，不妨說說段氏三造共和的史話。

　　一九一一年武昌起義爆發後，十五日，帝國陸軍大臣廕昌
率領北洋軍解救武漢危局。廕昌作為皇室貴冑沒有指揮作戰的
才能，而且調動不了北洋軍隊。二十七日，帝國政府召回廕
昌，以袁世凱為欽差大臣主持前方軍事。袁派馮國璋統領第一
軍指揮前方戰事，段祺瑞統領第二軍負責後方治安。只是馮國
璋不了解袁的意圖，一路猛攻猛打。袁世凱受命鎮壓革命派，
同時想借用南方革命勢力打壓帝國政府，企圖利用雙方為自己
攫取政治利益。

　　北洋軍攻下漢口、漢陽後，袁世凱急忙下令北洋軍駐足武
昌按兵不動。袁擔心赴京後馮國璋擅自進攻武昌，破壞他的計
畫。急令段祺瑞為第一軍統領兼湖廣總督，接替馮國璋主持武
漢軍事。

　　段祺瑞到任後，將前敵指揮部設在孝感。一九一一年十二

月,「南北和談」還在進行,暗地裡段祺瑞派親信廖宇春與黃興的代表顧忠琛,已經達成了確定共和政體、優待清王室、成立臨時議會等條件的祕密協議。十二月二十五日,孫中山回國抵達上海。二十九日,南京十七省代表選舉孫中山為臨時大總統。元旦當天孫中山在南京就職,使原來進行的議和出現巨大變局。

　　湖北督軍段祺瑞向大清帝國發出了下層軍旅要求共和的訊息。南京臨時政府的軍隊根本不敵訓練有素的北洋軍,孫中山通電表示大總統的位子會隨時讓給袁世凱,只要袁讓清王室退位並贊襄共和。段祺瑞聯合四十六名將領,再次致電大清內閣、軍諮府和陸軍部,一致要求「明降諭旨,宣示中外,立定共和政體。」段祺瑞聲言將「率全體將士入京,與王公剖陳利害」,並將司令部由湖北孝感回遷至河北保定。隆裕太后接電後,召集皇親王公商量,其後發布諭旨宣布清帝退位。

　　袁世凱大功告成,段祺瑞「一造共和」。民國建立後,段祺瑞出任了陸軍總長。

　　當時「北洋三傑」中的王士珍告老還鄉,馮國璋外調南京,段祺瑞留在了北京。其後,隨著袁世凱稱帝昭昭,袁段矛盾逐漸升級。對於袁世凱的稱帝美夢,段祺瑞並不配合,令袁克定火冒三丈,便藉故挑撥離間。袁克定親往河北正定請王士珍出山,袁世凱任命王為陸軍上將,藉機架空段祺瑞。

第三章　民國初年的政治

　　不久，段祺瑞以陸軍總長名義，領銜十九省將軍通電堅決反對簽訂「二十一條」。對外聲明自己絕不會做出前腳主張廢帝制稱共和、後腳再廢共和復帝制的勾當。隨後，袁世凱解除了段陸軍總長一職。段祺瑞事後與姪兒段宏綱說過自己曾五次勸阻袁稱帝無果。

　　袁世凱稱帝后，隨著護國運動的發生，各省紛紛宣布獨立。北洋將領群起反對，而領銜者竟是袁視為死黨的段祺瑞。此後，袁世凱宣布取消帝制，恢復「中華民國」年號，任命段祺瑞為參謀總長、徐世昌為國務總理，黎元洪仍為副總統。然而，此時南方的革命黨人堅決要求其下野，稱袁世凱復辟帝制背棄共和，沒有資格再任大總統。

　　面對全國的反對和親信們的背叛，袁世凱最終憂憤且積勞成疾，感染重病不治而病故。段祺瑞作為北洋元老、內閣總理、參謀總長、陸軍總長，位高權重，推薦由黎元洪擔任總統。一九一六年六月七日，黎元洪正式就任民國總統，恢復國會和《臨時約法》。是為段祺瑞二造共和。

　　民國時期，軍閥混戰。黎元洪在真正的民主憲政狀態下，不可否認是個尚且合格的政治家，但在武力時代，黎只能是個政治配角。

　　一九一七年，黎元洪和段祺瑞在「對德參戰」一事上發生了矛盾，段祺瑞主張對德宣戰，黎元洪和國會則反對參戰。平時，國務總理段祺瑞和國務院祕書長徐樹錚把黎大總統當慣了

段祺瑞三造共和

「橡皮圖章」去使用，連總統的私人信件都要先拿到國務院去拆。黎總統對此十分生氣，以致時常抱怨：這哪裡是責任內閣制，十足的國務院祕書長制。如今機會來了。

五月二十三日，黎元洪免除了段祺瑞國務總理與陸軍總長的職務，原因是段祺瑞祕密與日本簽訂了軍事借款。段一氣之下離開北京去了天津。徐樹錚試圖聯合北洋督軍們在天津擁立徐世昌為大元帥，要支持段祺瑞另立政府。北京局勢變得很不穩定，各地督軍紛紛宣布獨立。黎元洪邀請徐世昌和王士珍出任國務總理無果後，由前清擔任過廣西巡撫的李經羲暫時代理。張勳連續兩次召開徐州會議，邀請各省督軍會商國事。張勳一邊與各省督軍開會，一邊給黎元洪發電，自稱願意進京調停。黎元洪隨即覆電邀張勳進京。

張勳曾任大清帝國江南提督，民國後駐紮徐州任長江巡閱使。一九一二年十一月，袁世凱發布「剪辮令」，只有駐軍徐州的張勳不肯執行。張勳認為「君恩難忘」。二次革命時，張勳就任江蘇都督，不掛五色旗，軍中使用紅色白邊蜈蚣旗。軍官穿晚清時的藍色制服，兵士腦後垂辮。他絕對禁止在公文和口頭上用「前清」兩個字。總督衙門使用大清儀節。他在督軍任上完全採用大清帝國官制，如知府、知縣等，知縣衙門恢復了刑名、捕快。大小官員見了大帥要行跪拜大禮，自稱「卑職」，時人目之為怪異。

接到邀請，張勳打著「調停國事」的旗號，親率約五千

第三章　民國初年的政治

人的辮子軍，自徐州沿津浦路北上到達天津。在天津張勳要求黎元洪解散國會，以此作為調停條件。一九一七年六月三十日晚，張勳進入紫禁城召開「御前會議」，辮子軍占領了各交通要道及通訊部門。

第二天，在康有為、王士珍等保皇派的幫助下，張勳擁立十二歲的溥儀登基。張勳自任直隸總督兼北洋大臣，宣布進入復辟期，並命令北京商民懸掛龍旗，不得違抗。商民一時間來不及準備就在五色旗上繪上龍，應付檢查。黎元洪以副總統馮國璋代理大總統，重新任命段祺瑞為國務總理，並提出討伐張勳。

天津的北洋軍早已枕戈待旦，段祺瑞立即組成「討逆軍」，並自任總司令，馬廠誓師，帶兵五萬餘人進京討伐張勳。段祺瑞的「討逆軍」攻進北京時，「辮子軍」一觸即潰，整個戰鬥死亡不足一百人，到處是逃命留下的辮子。張勳倉皇逃入荷蘭使館，重做皇帝沒幾天的溥儀急忙頒布了退位詔書，張勳復辟只進行了十二天。

趕走張勳後，段祺瑞恢復共和政府，以「三造共和」的身分重掌政權。黎元洪辭去大總統職務，馮國璋代理總統，段祺瑞自為國務總理兼陸軍總長。

民國初的中國社會動盪不安，段祺瑞主張共和，堅決反對帝制。面對袁世凱恢復帝制和張勳擁清復辟，段祺瑞能夠站出來主張共和、推動共和是難能可貴的。

直奉戰爭中的武人集團

在二十世紀軍閥亂鬥的時代，吳佩孚不僅聲名遠颺，無疑也是個略有功名的人，他二十三歲中秀才，後來迫於生計在北京崇文門外擺攤做了算卦先生。賺錢養活自己很難，當然更沒有什麼發展前途。在堂兄吳亮孚的說服下，也學了古人班超的投筆從戎，在亂世中當了天津聶士成的兵，並考入開平武備學堂。

秀才兵吳佩孚經歷了幾年的軍旅生涯，摸爬滾打不容易，逐漸認清要想飛黃騰達，必須要找一個靠山。當時北洋陸軍第三鎮的統制是曹錕，一個老淮軍，也是馮國璋手下的紅人。吳佩孚認準了要投靠曹錕。

機會的到來是在日俄戰爭爆發前。一九○三年日本使館副武官青木宣純與袁世凱面商聯合建立情報機構的事。袁從北洋挑出數十名士官與日本組成聯合偵探隊。這些北洋士官大部分畢業於軍事學校，其中就有吳佩孚。偵探隊工作出色，其後吳佩孚被派到北洋陸軍第三鎮，從此與曹錕結識。吳佩孚是個能把握住機遇的人。曹錕鎮壓蔡鍔的護國運動時，吳佩孚戰功卓著，取得了在瀘州、納溪作戰的勝利。他還兩次營救了被圍困的曹錕軍隊。曹錕向袁世凱推薦了吳佩孚的功績，吳被授予陸軍中將。

此後，曹錕受吳佩孚指點也沒有捲入贊成袁世凱稱帝的漩渦中，吳得到了曹錕的絕對信任，開始扶搖直上。直、皖、奉

第三章　民國初年的政治

三大派系形成後，彼此間的爾虞我詐更趨激烈了。張勳復辟鬧劇後，直系馮國璋當上了代理總統，直系曹錕身為西路軍統帥也是扶搖直上。

一九一八年二月，吳佩孚受命代理第三師師長，任前敵總指揮向駐守襄陽的黎天才靖國軍進攻，一路攻克岳州、長沙等湘中重鎮，段祺瑞卻把湖南督軍給了張敬堯。吳佩孚除了氣憤別無辦法。同年六月，吳佩孚攻下湖南衡陽後開始按兵不動，第三師全體罷戰。此後直系一直呼籲「停戰」，反對段祺瑞的武力統一，並北撤鄭州。一九一八年以後兩年間，直系兵力擴大到九個混成旅。一九一九年冬，馮國璋病逝，曹錕成為直系新領袖。與此同時，直系對皖系的不滿升級，醞釀已久的直皖戰爭爆發了。

奉系軍閥張作霖聯合直系軍隊突然出兵，五日內便把皖系徹底打敗。段祺瑞苦心經營的武力參戰軍最終幻滅。張作霖幫助直系軍閥，實質上是在擴大勢力。到一九二一年年底，經過一年多的擴軍，吳佩孚以洛陽為大本營已擁兵十餘萬，成為直系集團中的主力。

直皖戰後，直奉一直在實力平衡中共治北京政府，只是派系間的擴張意識和利益爭鬥不可能使這種局面長久維持。直系認為奉系在直皖之爭中出力太少。奉系向關內深入的野心明顯。一九二一年，直系在援鄂戰爭中奪得湖北地區，控制京漢鐵路，

吳佩孚成為實力派人物，增加了直系在北京政府的發言權。

奉系對靳雲鵬內閣的不滿逐漸升級。關外奉軍向關內運動，關內奉軍進行著實戰演練。張作霖一邊聯絡皖系勢力，一邊尋求南方革命政府的支持。眼看戰爭一觸即發。

這時的直系已先後占據直魯豫、江蘇、陝西、兩湖，吳佩孚不甘心在直皖戰爭中既得利益受損，打響了他與奉系軍閥之間的直奉戰爭。

曹錕授予吳佩孚軍事指揮全權，代表直系迎戰關外張作霖。儘管吳佩孚直接參戰的兵力不及奉系參戰兵力的一半，並且其時張作霖、段祺瑞和孫中山正在打造「三角同盟」，奉系軍隊聲勢很強盛。雙方在長辛店、固安、馬廠展開激戰。沒想到戰事一開，張作霖在北京的兩個師便倒戈投向了吳佩孚。兵敗如山倒，奉系的軍隊很快失去立足關內的實力。第一次直奉戰爭閃電般結束，奉軍傷亡人數高達十萬人，僅餘兩萬人逃回山海關。直系完全掌握了北京政權。吳佩孚作為北洋集團的後起之秀，更成為一九二○年代舉足輕重的地方軍閥，吳一生驍勇善戰，稱「常勝將軍」，無論是張揚「和平統一」還是打造「救國同盟」都表明了他的政治野心。

直系軍閥中另一個實力派人物是孫傳芳。

孫傳芳，字馨遠，一八八五年出身於山東泰安一個貧寒家庭，早年其父病故，隨母親長期寄人籬下。一九○二年，孫

第三章　民國初年的政治

傳芳得到姐夫王英楷的幫助進入保定練官營，由於學習成績優異，被練官營總辦馮國璋推薦進入陸軍速成武備學堂學習。一九○四年，孫隨留日生赴日留學，一九○八年畢業於日本士官學校。孫回國後進入北洋陸軍第二鎮第三協，得到了協統王占元賞識，並步步升遷。一九二一年，湖南軍閥趙恆惕攻打湖北，孫傳芳帶領部隊與湘軍血戰八天，一戰成名。其後，吳佩孚保薦他當了第二師師長兼長江上游總司令，由此飛黃騰達。

　　一九二四年，孫傳芳的部將齊燮元與皖系軍閥盧永祥，為爭奪上海地盤，爆發「江浙戰爭」，以直系獲勝告終。江浙戰爭後，孫傳芳乘機擴展了大片地盤，收編了盧永祥餘部。奉系軍閥張作霖率領優勢兵力南下，圖謀長江下游地區，由此挑起直奉大戰。戰爭最緊急關頭，馮玉祥倒戈，在北京發動兵變。張作霖的奉軍勢如破竹，連下天津、北京、直隸、山東、安徽、江蘇、上海等地。一九二五年十月，孫傳芳在杭州迎戰張作霖。只用月餘時間，孫傳芳軍隊便橫掃上海、江蘇、安徽等地，活捉奉軍前敵總指揮施從濱。其後，孫傳芳在南京召開聯軍大會，宣布成立浙閩蘇皖贛五省聯軍，自任聯軍總司令。孫傳芳還創辦了江蘇聯軍軍官學校並自任校長。孫的勢力最盛時總兵力二十多萬，統轄東南五省之地，成為實力僅次於吳佩孚的直系軍閥。

　　回過頭我們再說說奉系軍閥張作霖。

　　張作霖，字雨亭，一八七五年出生在奉天海城縣的鄉下。從小家境貧窮，八歲時父親死於仇殺，十三歲時被迫闖蕩社會。他的教育程度只有三個月的私塾教育。

　　一八九四年特殊的年分下，張作霖加入了馬玉崑的隊伍當上了騎兵營的小頭目。大清帝國的軍隊在戰場上兵敗如山倒，張所在的隊伍被打散了。

　　返回鄉里的張作霖，入贅到了趙家廟村娶了媳婦趙氏。在岳父的幫襯下，張作霖建立了一支地方武裝「保民團」，並利用盛京將軍增祺「化盜為良」的政策，接受朝廷招安，改編隊伍為巡防營。東北不太平，張作霖長於算計，如魚得水般地存活下來。一九〇四年日俄戰爭爆發後，他接受俄軍的軍械為之效力，俄軍戰敗後又與日軍合作。張作霖成為擁有七個營的統帶，成為東北一支不小的勢力。

　　一九一一年十月武昌起義之後，東北總督趙爾巽騎牆觀望。張作霖親率所轄七個營的全部人馬直奔奉天，求見趙爾巽並獲取信任。張作霖與新軍將領達成協議，東三省暫時不參與獨立。張作霖因勢利導不斷壯大自己的勢力。一九一二年，袁世凱上臺，面對中國不明朗的局勢，張作霖的政治態度也是忽左忽右。張作霖發現日本在東三省已經確立了絕對的優勢。所以頻頻走訪在華的各級日本高官攫取政治利益。一九一六年，張作霖成功當上了奉天督軍。

第三章　民國初年的政治

　　在侵華日軍勢力中出現了想除掉張作霖的川島浪速一派，也有反對派認為實現滿蒙獨立需要借助張作霖。張作霖當上督軍之後，扶持張作霖派認為借助他可以加速實現滿蒙獨立，張作霖可以利用。川島浪速決定暗殺張作霖，為滿蒙獨立創造機會。

　　一九二〇年以後，相繼爆發了兩次直奉戰爭。作為最大軍閥集團的皖系在直皖戰爭結束後基本瓦解。北京政府由直奉兩家控制，雖然張作霖和曹錕是兒女親家，只是親家在利益上也難長久相安。張作霖控制了東三省，又借助日本勢力取得了兵力和武器上的優勢。所以直系和奉系的矛盾不免會激化。一邊是奉系張作霖的步步緊逼，一邊是吳佩孚的不肯相讓，雙方只能透過一戰來分出強弱。一九二二年的第一次直奉戰爭中，奉系的軍隊雖有裝備，但打仗還是舊套路，所以最後的失敗結果不會令人感到稀奇。多虧郭松齡和張學良訓練的二、六旅作掩護，加上日本人的接應，奉軍殘部退回了關內。直系獨占了北京政府。一九二四年九月，奉系在經歷了兩年準備後終於發難，奉直第二次大戰爆發。張作霖反思過往，聽從身邊包括總參議楊宇霆在內的姜登選、韓麟春、郭松齡等新派軍官的意見，著手整頓軍隊，編練新軍，一洗軍隊散漫無律的狀況。一九二二年七月，張作霖組建東三省保安司令部，自任總司令，統一奉軍指揮權，同時成立東三省陸軍整理處作為整軍經

武的最高執行機構。除最高決策由統帥部直接掌握之外，一切日常有關整軍經武的重大事情，都要通過這裡。擴建東北講武堂作為軍官的教育和訓練機構。把對抗演習和實彈射擊作為主要訓練課程，完成人員的配備和整頓，使奉軍部隊達到了較高水準。到第二次直奉戰爭前，奉軍步兵達到二十七個旅，騎兵五個旅，總兵力二十五萬餘人，還配備有相當數量的輜重兵。兩年中，張作霖透過對奉軍的改造，實現了軍隊的現代化。二次直奉戰爭進行過程中，馮玉祥突然回師北京，囚禁了曹錕，導致直系前線大潰退。戰後，北京政府由馮玉祥和張作霖聯手控制，段祺瑞做臨時執政。但奉系的實力大，不久與馮系鬧翻。國民軍大敗，馮玉祥下野，奉系單獨掌控了北京政府。

一九二七年，張作霖如願以償當上了北洋陸海軍大元帥，成為當時中華民國的最高統治者。不過，好景不長，奉系的勢力擴張引起了關內各派軍閥的緊張爭鬥。先是孫傳芳崛起於東南，驅逐了南下上海和江蘇的奉系勢力。其後，吳佩孚再度出山，號稱十四省聯軍總司令。於是形成了張作霖、孫傳芳和吳佩孚三大軍閥鼎立的局面，民國驅除舊軍閥的時代也隨之到來。

日本人要遏制勢力越來越大的張作霖，而張作霖卻要千方百計擺脫日本的控制。因此，日張矛盾在一九二七年後急遽升級。軍閥混戰的亂世，張作霖一生都與日本人巧妙周旋，使《滿蒙新五路協約》等嚴重踐踏中國主權的密約成為一紙空文。

民主革命的終身戰士

孫中山將大總統之位交於袁世凱，並沒有阻止袁世凱走向獨裁的步伐，《臨時約法》和國會都成為集權下的擺設和玩物。

一九一二年八月，孫中山做客北京，袁世凱騰出總統府搬到了國務院，北京官邸用於接待孫中山一行。孫中山在北京停留的一個月，與袁世凱的會晤就達十三次之多，談到激動處袁世凱會站起來高呼「孫中山先生萬歲」，孫中山也會站起來高呼「大總統萬歲」。

一切都是表面，包括孫中山對袁世凱的和藹印象和英雄感覺。孫中山對政治複雜性的認知很淺，他認為把美國憲法的模式搬過來，只需照著做下去，把總理制加進來，就果真能夠約束袁世凱的權力。

民國建立之初，孫中山曾許諾自己不再關心政治，會抽身專注於鐵路建設，希望十年之內建成二十萬里的鐵路，實現國家富強。

在會晤中，袁世凱發現孫中山更像一個理想主義者，缺乏實踐者應有的務實態度。孫中山的治國方略顯得是那樣空洞。當孫中山提出要修建鐵路，他只是附和地說好。

九月六日，孫中山前往張家口視察了京張鐵路。九日，袁世凱任命孫中山督辦全國鐵路，並把當年慈禧太后的豪華花車撥給孫中山使用，下撥專項經費供孫中山考察使用。

　　孫中山寫信給黃興，讓黃興北上。黃興抵京後，袁世凱同樣做了充足的接待工作。孫、黃在京期間前去拜訪了前清皇族，向外界宣傳「五族共和」。 最後，袁世凱以袁、孫、黃、黎四人名義聯合發布統一民國、獎勵實業、創辦銀行、興辦鐵路的法令。孫中山被授權籌劃全國鐵路，任「全國鐵路督辦」，黃興任粵鐵路督辦。

　　武昌起義後，章太炎提議「革命軍起，革命黨消」，認為同盟會作為革命黨應該適時退出歷史舞臺，於是就有了後來改組同盟會的說法。

　　孫中山北上的第二天，同盟會與統一共和黨、國民共進會、國民公黨、共和實進會合併成立國民黨。九月三日，孫中山被推選為國民黨理事長，宋教仁為代理理事長。國民黨成立之初，入黨手續簡單，對黨員資格沒有特別要求。當時，國會內的共和黨曾是第一大黨，黎元洪為理事長，成員有張謇、章太炎、程德全、伍廷芳等人。重組後的國民黨成了第一大黨，在北京的臨時參議院中，共和黨有四十席，國民黨占了六十五席。一九一二年十月，立憲派看到國民黨、共和黨的力量，為了躋身其間，湯化龍、林長民等人合併統一共和黨、共和保進黨、共和促進黨、國民新政社四團體成立民主黨，推舉梁啟超為領袖。

　　孫中山不精於政黨，離開北京去日本考察鐵路，黃興也去了湖南，宋教仁成了國民黨的實際負責人。宋教仁為了擴大國

第三章　民國初年的政治

民黨的影響進而組建內閣，奔走於南方各省。一九一三年二月四日，大選揭曉，國民黨以三百九十二席獲得空前勝利，共和、統一、民主三黨僅得兩百二十三席（國會召開後三黨合併為進步黨），政黨內閣呼之欲出。宋還聯合章太炎等人，準備在正式大總統的選舉中保黎棄袁，將國家大權抓在革命派手中。

三月二十日，宋案發生。三月二十五日，孫中山從日本返抵上海，召開了國民黨高級幹部會議商討對策。大家一致認定背後主謀是袁世凱，會議主要研究倒袁事宜。除戴季陶一人贊同中山先生的武力主張，其餘多力主用法律方法解決。

從七月十二日李烈鈞湖口起事到九月一日南京完全被占領，國民黨的軍隊被袁世凱的北洋軍徹底打散，其他各省紛紛取消獨立。在形式上，除了廣西、貴州、雲南、四川，袁世凱基本實現了國家的統一。

唐德剛對二次革命的評論，認為二次革命開了用武力解決爭端的民國先例。此後，地方不服中央藉故就起兵，而中央為捍衛權威也選擇動武。美式法律制度在當時缺乏生存的空間。民國套用中國人的思維，穿著美國人的鞋子，跌跌撞撞不平穩。

民國成立已一年半有餘，國家仍然沒有個正式總統，不僅沒有外國承認，國家政治凋零，英侵西藏，日、俄侵滿蒙和東北，舉國憂愁。一九一三年八月五日，黎元洪聯合十九省的都督主張先選總統，或從速制定憲法。

　　進步黨人提出先制定大總統選舉法，以選舉法為基礎，選出總統，然後再制定憲法。九月五日，參、眾兩院順利通過「先選總統後定憲法」的提案。一個月之後，《大總統選舉法》出爐，終於趕在十月十日之前，做好了選舉正式大總統的準備。十月六日，經過十四個小時三輪總統選舉，在第三輪中袁世凱終於以五百零七票當選。第二天，黎元洪以六百一十票高票當選副總統。一九一三年十月十日，武昌起義兩週年的日子，袁世凱和黎元洪正式就任正副總統。俄、法、英、德、奧、義、日、比、丹、葡、荷、瑞、挪等十三國政府均發出照會，承認民國。遜清皇室也派代表祝賀。

　　之後，袁世凱藉故解散了國民黨，十一月派北京軍警包圍國民黨北京支部和參、眾兩院，收繳國民黨議員的證書、徽章三百餘件，又命令軍警追繳湖口起事前已脫離國民黨籍的議員，八十餘人的證書徽章，前後兩次總共取消四百三十八人的資格，超過了兩院議員的半數。國會停頓後袁世凱以政治會議機構代替了國會。一九一四年一月，袁世凱向政治會議提出修改約法草案。三月十八日，約法會議開幕，其後醞釀形成了一部《中華民國約法》。五月一日，袁世凱正式公布《中華民國約法》，同時宣布廢止《臨時約法》。 這個「袁記約法」把責任內閣制變成了總統制。總統可以「解散立法院」。「袁記約法」成立的「參政院」可以審議重要政務。所有參政院的參政，必

須由總統決定。參政院推薦十名委員組成憲法起草委員會，起草憲法。而憲法草案經參政院審定後，「由大總統提出於國民會議決定之」，「國民會議由大總統召集並解散之」。似乎一環一扣，說來說去大總統最大。

逃離上海後，孫中山認為，二次革命的失敗是因為國民黨內部渙散、思想混亂、組織不純。「非袁氏兵力之強，乃同黨人心渙散」，國民黨已不能領導革命繼續前進。國民黨的軍隊主要被各地方實力派控制，孫中山、黃興等人無法部署更談不上統一行動。二次革命發動時，南方諸省多持觀望態度。孫中山認為，同盟會改組為國民黨，魚龍混雜，遂決定從整頓黨務入手，重組新黨中華革命黨，要求黨員必須無條件擁護一個有絕對權威的領袖。

一九一三年九月二十七日，孫中山親自擬定入黨誓約，規定入黨者須絕對服從，皆須重立誓約，加按指印。入黨者要喝血酒，要歃血為盟。一九一四年七月八日，孫中山在東京正式成立中華革命黨。

中華革命黨設本部於東京，孫中山為總理，黃興為協理，因黃反對立約按指印，拒絕入黨。設總務、黨務、軍務、政治、財政五部，由陳其美、居正、許崇智、胡漢民、張靜江分任部長。中華革命黨的成立，並沒有達到中山先生的預期目標。首先，由於部分規定引起眾人不滿：比如入黨人按黨員、

黨齡享有不同權利還必須加蓋指模。黃興、李烈鈞等老成員，認為「前者不夠平等，後者跡近侮辱」。 從此黃興遠避美國。中華革命黨選舉總理時，只有八省代表參加，絕對服從個人的要求只有少數人能夠接受，都督中參加中華革命黨的只有胡漢民、陳其美兩人。革命黨把武裝討袁放在首位，自一九一四年七月至一九一五年十二月，南方四十多次武裝起義並沒有產生太大的影響。由於起義內部採取個人絕對服從主義，軍事上脫離人民群眾，並沒有取得護國戰爭的領導權。一九一六年七月護國運動結束後，中華革命黨宣告停止一切黨務。一九一九年十月，孫中山將中華革命黨又改組為中國國民黨。

　　五四運動的爆發，使孫中山的眼界大開，使他看到了人民大眾奇蹟般的力量，開始完全拋棄早年間對於日本帝國主義的幻想，認識到革命須革除官僚軍閥和政客三種陳土。[02]

　　蘇俄十月革命的發生，促進了蘇俄和第三國際與孫中山的聯絡。維經斯基（Voitinsky）和馬林（Maring）的前後兩次來華之行，使蘇俄和孫中山有了更多的接觸。孫中山的目光開始從西方轉向東方。[03]

02　孫中山：〈改造中國之第一步〉，《孫中山選集》，人民出版社，1981 年版，475—476 頁。

03　黃修榮：《國共關係七十年》（上卷），廣東教育出版社，1998 年 12 月版，80—100 頁。

五四走出的中國氣節

中國的啟蒙運動與歐洲的啟蒙運動，根本差異即在於中國講得最多的還是民族問題。中國近代歷史確實讓人民為國家命運設計了多種救國方案，為之進行不斷抗爭。蔡元培曾說自己是手槍與炸彈歷練出來的。滿清末年和民國初年的學生對於民主即革命的理念充滿幻想。

一九一九年注定是多事之秋。五月三日，北大學生許德珩和預科生黃日葵到北女師進行會見。據學生領袖羅家倫回憶，《京報》主筆邵飄萍把一個關於山東問題失敗的消息帶給了北大的學子們，學生群情激憤，包括北大、清華、高等師範、中國大學、朝陽法學院等十三家學校的學生代表，當晚在北河沿法科第三院召開臨時會議，出席人數達到一千多人。由邵飄萍報告，學生們當場議決第二天聯合各學校發動遊行，並成立了由二十名委員組成的幹事會，傅斯年、羅家倫、段錫朋、許德珩等人都是幹事會成員。大會共議決辦法四條：一、聯合各界一致力爭；二、通電巴黎專使，堅持和約上不簽字；三、通電全國各省市於五月七日國恥紀念日舉行群眾遊行示威運動；四、訂於五月四日（星期日）齊集天安門舉行學界大示威。

一九一九年五月四日上午八點，有七八千學生在天安門前集會，每人手執小旗，上面寫著「打倒賣國賊，收回山東權利」，「誓死力爭，保我主權」等標語。上午九點，各中等以

上學校代表在堂子胡同法政專門學校開會，討論下午的遊行路線，決定從天安門出中華門，先到東交民巷向美、英、法、意四國使館陳述青島問題。然後轉入崇文門大街、東長安街，前往趙家樓曹汝霖住宅。傅斯年被推舉為行動委員會主席。下午疫點，天安門廣場上聚集的學生越來越多。教育部派官員到北大希望透過校方阻止學生外出。蔡元培先生勸學生們不要上街遊行，認為遊行並不能扭轉時局。學生們有什麼要求，他可以代表同學們向政府提出。幾個學生一擁而上，把蔡先生請走了事，就這樣隊伍不顧蔡校長的勸阻出發了。學生們向天安門廣場前進，並不斷高呼口號，向路人派發傳單。

　　廣場上已人如潮湧，各類旗幟迎風飄揚。廣場的氣氛在呼喊聲、鼓掌聲中被推到了沸點。北京步軍統領李長泰、警察總監吳炳湘，都趕到了廣場。學生代表對李長泰說：「我們今天到公使館，不過是表現我們愛國的意思。」在傅斯年帶領下，學生隊伍打著五色國旗向東交民巷前進。在東交民巷口，學生被巡捕攔住。學生們還相當守秩序，他們派羅家倫、江紹原二人為代表，到美國公使館遞交說帖。說帖指出：德國在山東青島曾占有的一切權益，不直接交還中國，否則東亞和平與世界和平都要受到影響。有人高喊：「打倒賣國賊！」「我們去賣國賊的家吧！」隊伍離開東交民巷，經御河橋、東單牌樓，往趙家樓的曹汝霖住宅去了。

第三章　民國初年的政治

　　從天安門廣場到東交民巷，再到後來火燒趙家樓與毆打章宗祥，無論是集會還是請願，甚至是毆打這樣的過激行為，社會輿論幾乎都倒向學生，指責警察「野蠻」、「殘暴」的多。學生的愛國、不畏犧牲、堅持真理，社會理應給予他們理解和支持。個別學生的縱火、毆人，成為考驗那個時代警察的法理難題。警察沒有過分使用武力，沒有強行阻止，只是當事態發展到縱火和傷人時，才抓捕和驅散學生。而且被捕學生被給予寬敞的囚室，允許走動與交談，還可以閱覽報紙，飯食標準按警察廳科員例處理。

　　因為對有再造共和之功的段祺瑞的囂張氣焰不滿，總統徐世昌對學生頗為寬容，但政府主要考慮的還是時事對政局形勢的影響。

　　五月十四日，徐世昌召集安福國會的兩院議長舉行緊急會議，研究外交和學潮問題。段祺瑞堅持對學生要採取強硬態度，五月十五日，政府批准了北洋教育總長傅增湘辭職。傅先生因堅決反對解散北京大學、政府下令鎮壓愛國學生和罷免蔡元培先生北大校長職務的事情而憤然辭職。全體學生決定採取罷課的手段，做最後的喚起全體國民聲援的努力。

　　罷課已經開始在全國蔓延。北京的學生代表去到上海。在上海，北京的學生方豪、天津學生楊興亞和上海學生何葆仁共同合議到廣州進行宣傳。京、津、滬、粵四大城市學生向北京

政府提出罷免曹汝霖、章宗祥、陸宗輿等賣國賊及拒簽巴黎和約的要求。

　　而且學生們的行動迅速得到其他城市的聲援。五月二十日，九江學生罷課；五月二十三日，天津學生罷課，以援助北京學生；同日，濟南罷課；二十四日，唐山、保定罷課；二十六日，太原罷課，上海學生總罷課。二十八日，蘇州罷課；二十九日，杭州、南京罷課；三十日，福州罷課；三十一日，安慶、開封、寧波、無錫罷課；六月一日，武漢罷課；三日，南通、長沙罷課；五日，漳州罷課；六日，鎮江、武進罷課；九日，徐州罷課……罷課潮席捲了全中國兩百多個城市。

　　五月底，北京學生走上街頭演講，推銷國貨。《每週評論》等報刊密切關注著事態的發展，及時報導學生和市民們的活動，展開的評論對運動有著輿論導向作用。六月，政府頒布了必須復課的命令，說是因為學生們糾眾滋事，縱火傷人，這也成為政府實施大規模鎮壓的先聲。六月五日，上海宣布戒嚴，作為長江下游的大商業中心，上海率先開展三霸鬥爭。六月十日，北洋政府將交通總長曹汝霖、駐日公使章宗祥、幣制局總裁陸宗輿免職，各地的罷市活動陸續結束。

　　被捕學生被如數釋放回家，曹、陸、章三人被北洋政府罷免，中國代表團沒有在和約上簽字。七月九日，蔡元培復職，返校前由蔣夢麟主持校務。學生們的訴求，已接近完全勝利。

第三章　民國初年的政治

　　五四運動對中國社會的影響，遠遠超越了民族主義的局限。南北軍閥的存在，武力討伐沒有休止。武力統一激不起地方軍閥的興趣，有實力的不願被利用，沒有實力的對所占據的資源又利用不起來。孫中山的北伐也是廣西、廣東再湖南一路寄希望下去。五四成為一個悲情運動，占據愛國的制高點，社會人等帶著對巴黎和會的情感落差，道德訴求直指段政府和安福國會。[04]

　　五四將軍閥之間的爭權奪利，淹沒在了一場全國性的政治運動之中。直系把它當作一種政治動員，皖系整體失語，所以直系就很占優勢。皖系儘管還在軍事上占優勢，但好像在道理上吃了黃連，仗打得一塌糊塗。五四後直皖交惡，直系和皖系發生了分裂，成為北洋軍閥真正分裂的開始。軍閥不再能夠控制住全國的局面，北洋軍閥的統治崩潰了。[05]

　　中國參戰並沒有在巴黎和會上收回山東權益，誘發了五四運動，愛國主義的狂潮甚至在巴黎都宣洩出來，數萬華工和留學生走上街頭進行抗議，捍衛中國權益。中國代表團最終放棄了簽字。但嚴復認為拒簽的背後也是拿個人的清譽去賭放棄進入國際社會的機會。不過，弱國無外交，國力不強，國家利益本來就難以保障。

04　張鳴：《軍閥與五四》，廣西師範大學出版社，2010 年 5 月版，107—109 頁。
05　張鳴：《重說中國近代史》，臺海出版社，2016 年 9 月版，348—350 頁。

　　五四也讓陳獨秀、李大釗領導新文化運動走上了革命之路。一九二四年，孫中山在蘇俄的幫助下改組中國國民黨，實行「聯俄、聯共、扶助農工」三大政策，李大釗、毛澤東、張國燾、瞿秋白等一大批中共代表人物幫助中國國民黨改組，與國民黨共同領導國民革命的發展。一九二五年三月，孫中山病逝於北平。一九二六年七月，國民革命軍出兵北伐。一年後，國共兩黨的合作最終因為階級利益和主義信仰的矛盾走向全面破裂。

第三章　民國初年的政治

第四章　中國現代化之路的反思

第四章　中國現代化之路的反思

由中國邊疆危機引發的主權意識

　　自秦漢統一中國以來的兩千多年，中國的疆域範圍及治理方式，基本上沿著天然的陸地線和海岸線展開。中國東臨太平洋，西部連接帕米爾高原，西北是阿爾泰山，西南邊陲是喜馬拉雅山脈。總歸來講，中央王朝國勢強盛時，疆域的範圍就大，治理和統治力度大；反之，則疆域會有收縮，特別是與少數民族的分界線內移，治理力度弱一些。基於中國所處的特定環境和條件，周邊沒有能與中國抗衡的政治力量。這種格局一直持續到明末清初，俄國越過烏拉山侵入亞洲。在大清帝國東北邊疆軍民的反擊下 [01]，沙俄的殖民擴張受到遏制。

　　沙俄沿西伯利亞向東方開展殖民，一六三〇年代其勢力已經達到亞洲的東端。一六八九年的《中俄尼布楚條約》成為中國歷史上與外國訂立的第一個邊界條約。條約規定：兩國以額爾古納河、格爾必齊河、外興安嶺至海為界。條約規定：烏第河一段「土地應如何分劃，今尚未決，此事須待兩國使臣各歸本國，詳細查明之後，或遣專使，或用文牘，始能定之」。大清帝國政府在簽訂《尼布楚條約》和其後的《布連斯奇條約》時雖有所讓步，但條約確立了近代意義上的中國東北和北部邊界，史學界評論其還算公允。

　　大清王朝在入關後百餘年繼承和恢復了歷史上中國的大

01　西元一六八五年和一六八六年有兩次雅克薩反擊戰。

一統疆域。一六八三年，大清帝國設臺灣府，隸屬福建。一七二七年，在西藏設立駐藏大臣，對西藏事務實行直接管轄。一七五五年至一七五七年，清軍先後平定準噶爾，統一了西域天山以北地區；一七五九年又出兵平定大、小和卓之亂，統一了西域天山以南地區。

邊界是近代國家概念，是指相關國家透過簽訂條約、各方會勘確定的國家之間的分界線。歷史疆域是古代國家概念，是指近代前歷史上不同時期王朝國家自認的管控範圍。

直到十八世紀中期，除元朝統一西藏外，歷代王朝的中國歷史疆域是在一個大致的範圍內，依國勢的消長和內部政治局勢的變化而有所伸縮和改變。

自鴉片戰爭後，中國的邊防開始正式進入中外之防的階段。[02] 由於大清帝國的腐敗和衰弱，邊疆屢遭侵犯，情況開始變得複雜起來。

從一八七〇年代以後，中國邊疆危機不斷升級。一八七四年，日本利用琉球船民被殺事件出兵侵犯臺灣，東南邊疆告急。一八八八年三月，英軍進犯西藏邊境要塞隆吐山，發動第一次侵藏戰爭，西藏告急。俄英入侵帕米爾，西北邊疆再次出現危機。一八七八年一月，左宗棠收復新疆。

十九世紀中葉，西方資本主義勢力侵入中國，經過太平天國的

02　馬大正：《中國邊疆經略史》，中州古籍出版社，2000 年 10 月版，368 頁。

風暴，新的生產方式在逐漸摧毀和改變著中國的傳統生活方式。

　　以滿蒙地區為例，資本主義生產方式也促進了中國西北和北部地區的發展。一九〇〇年，沙俄在參加八國聯軍行動共同攻占北京的同時，單獨出兵侵犯中國東北三省。入侵東北，是從血洗海蘭泡和江東六十四屯開始的。蒙古地廣人稀，雖沒有遭遇軍事性占領，但一樣會被列強捲入國際貿易體系當中。鐵路的發明改變了中國沿邊與內地的關係，貨物透過鐵路實現遠距離運輸，不僅是漢族移民，俄國人也從西面進入草原地帶。[03]進入二十世紀，西伯利亞鐵道繞過蒙古的北部，東北的鐵道網改變了內蒙古東部，平綏鐵路一直到達內蒙古的南緣。隨著鐵路的延伸，俄國商人進入蒙古，俄國移民也隨之而來。蒙古被沙俄所侵略，之後是蘇聯對蒙古人民共和國的貸款和政治軍事控制。內蒙古的大部地區，自一九三〇年代日本侵入東北起，就逐漸轉化為日中之間的對抗。

　　再說說中國近代海疆。在古代，由於科技航海條件的制約，征服大海似乎是一件不可能的事，因此一直到鴉片戰爭之前，中國來自海上的威脅是很少的。

　　一八四二年第一次鴉片戰爭期間，帝國軍隊在東南近海區域的戰事中屢屢受挫。處於前線指揮官位置的官員開始關注

03　劉東主編：（美）巴菲爾德著：《危險的邊疆》，江蘇人民出版社，2011 年 7 月版，391 頁。

向西方學習，認識到西方船政和武器技術的強大，提出封鎖海口，堅壁清野，但造成的影響並不大。戰前署理漕運總督的李湘棻，公開提出發揮中國陸戰之長處與敵對抗於內河，放棄與英人在近海作戰。對於兩次鴉片戰爭戰敗的原因，大清帝國政府更多的還是認為是將帥的指揮失誤和兵士的疏於訓練造成的。那些提出正確意見的一線將士大多在戰後被追責，或降職或調離海防前線的重要職位。進入一八七○年代後，隨著邊疆危機的頻頻發生，海防與塞防之爭演化為海防與塞防並重策略的實施，成為中國海防現代化啟動的真正象徵。

一八七四年四月，被大清政府視為蕞爾小國的日本，發兵臺灣並迫使中國賠款五十萬兩白銀，東南海疆危機再現。帝國政府籌議海防時，督辦南洋海防的福州船政大臣沈葆楨提出來設福建巡撫，加強東南海防。一八七五年，福建巡撫丁日昌主張在臺灣設省，在此之前長期對臺實施「為防臺而治臺」的消極政策開始發生改變，大清帝國開始認識到了臺灣的軍事作用。

甲午戰敗後，大清帝國動議在臺建省。一八八六年四月，大清帝國再次諭示閩臺防務緊要，臺灣設省的籌議抓緊實施。[04]一八八七年，臺灣巡撫衙門設立。一八八八年，劉銘傳上任福建臺灣巡撫。可以說，臺灣建省無疑也是海防與塞防爭論的重要成果，帶動了中國海防的現代化。

04　馬大正：《中國邊疆經略史》，中州古籍出版社，2000 年 10 月版，433 頁。

從丁日昌倡議海軍建設到李鴻章真正付諸實踐，中國海防思想不斷發展。張之洞作為晚清帝國重臣，十分重視中國海防。甲午戰爭後，他重視重建海軍，提出「戰守兩事，義本相資，故必能海戰而後海防乃可恃」。張之洞看到了海上戰爭的重要性和戰守之間的辯證關係，他的眼界突破了傳統的口岸防禦思想，有了依靠海軍海上作戰爭取制海權的思想萌芽。

孫中山先生理想中的中國

孫中山為民主革命奔忙了大半輩子，發展經濟也是他理想中的中國問題。一九一二年四月，中山先生在辭去南京臨時政府臨時大總統的職務後，開始思考和實踐自己的建設計畫，並最終完成了《實業計畫》一書。

孫中山認識到西方工業化，是透過商業剝削殖民地和半殖民地的農產品和工業原料來發展自己的工業，再以工業帶動其他經濟門類的發展。中國作為農業大國，農民是國家的人口主體，實現民生問題在近代中國注定是艱難和痛苦的。所以，孫先生也視民生問題為革命目標。特別是在民國建立之後，孫中山自視民族、民權主義已經實現，解決民生問題開始進入他的視野。他認為發展農業是解決問題的關鍵。

孫中山主張「治本於農」，把農業視為國計民生之大事。他認為中國長期缺乏糧食，一方面是農業本身的落後，另一方面

是由於受到外國經濟的壓迫。國家要做的除了堅決反對帝國主義的經濟掠奪之外，就是改善農業生產條件，發展商品經濟，增加農業收入。他認為辦農業學校，培養農業人才，這些都很重要。在具體倡導農業之餘，孫先生還寫作〈農功〉等農業文章，介紹西方農業科學知識，包括土地改造的方法，「化瘠土為良田」，並主張設官吏總攬農事。

孫中山認為發展農業，要講求「以農為經，以商為緯」。一九二〇年代，孫中山提出「平均地權」的思想，致力於實現「耕者有其田」，並透過政策和法令來保障農民的土地問題，限制地主的剝削，增加農民的收入。

孫中山也重視興修水利，並把治水和治人結合起來。在其《實業計畫》一書中對治河治水給予高度的重視，制訂了關於治理黃河、長江和珠江三大水系的計畫，把江河治理與農業、航運業的發展做整體考慮。

對於中國難以完成的工業化，孫中山也有論及。他認為中國必須先振興實業才能使中國富起來，以機器生產代替落後的手工生產。在孫先生實現中國工業化的《實業計畫》中，注重鐵路和道路的建設、運河和水道的修治、商港的建設，「非先有此種交通、運輸、囤貨之利器」，無法發展中國的工業。

孫中山提出交通是實業之母，鐵道又是交通之母，因此孫先生以鐵路建設作為工業現代化的基礎，認為「處今日之世界無鐵

路無以立國」。自一九一二年四月辭去臨時大總統之後，孫中山開始籌劃中國鐵路建設，邀請詹天佑作為助手，吩咐馬君武、徐謙等人辦理具體事務，他們的足跡遍布華北的津浦、京奉和華東的滬寧、滬杭等鐵路。一九一三年孫中山遠赴日本考察鐵路。

　　孫中山在《實業計畫》中將鐵路建設分為六大鐵路系統，即西北、西南、中央、東南、東北、高原鐵路系統，並將鐵路修築與三大港口（北方大港、東方大港和南方大港）建設聯繫起來。把三大港作為中國與世界經濟聯絡的「樞紐」，利用開放式的鐵路系統，使中國貨物成功流向世界。

　　鐵路橫貫中國，「瀋陽與廣州語言相通，雲南視太原將親如兄弟焉」。[05] 鐵路可以提高中國人的文明，增強團結鞏固統一。

　　作為鐵路、空運和海運交通的補充，孫中山提出全國公路網計畫，修建公路一百萬英里。在水路交通計畫中，北方大港要建成與紐約一樣，要選在渤海直隸灣大清河西海岸；東方大港大如紐約，選址在上海；南方大港是將廣州港進行改良。此外，孫中山計劃修竣運河、水道數條，疏濬黃河、淮河等河流。

　　孫中山在《實業計畫》中也提到增設電報、電話及無線電，增強通信建設。

　　孫中山認為要發展近代工業，首先要發展機器工業。在大

05　孫中山：〈中國之鐵路計畫與民生主義〉，《孫中山全集》第 2 卷，中華書局，1982 年版，490—491 頁。

機器生產的基礎上，增加社會財富。中國礦藏豐富，山西、河南盛藏煤炭，四川、甘肅有石油，西南各省錫、銀、金、銅、鐵蘊藏量大。發展礦業也是工業基礎。

此外，《實業計畫》也有篇幅不小的關於糧食工業、服裝工業、棉花工業、羊毛工業、交通工業、印刷工業的敘述和主張。

為了改變「農本商末」觀念，走農、工、商立國之路，孫中山強調樹立重商思想的觀念，將三者共同列為立國之基礎。根據中國的實際情況，重商是社會發展的需求，重農也是中國的客觀需求，所以孫中山先生提出「以農為經，以商為緯」的建設方針。

孫中山先生強調發展商業，先去改變國人的觀念至為重要。一九一八年二月，孫中山在廣州演講，指出「國家改革，譬如拆舊屋、建新屋，舊屋既拆，而新屋猝未建成」，提倡士農工商積極參與經濟建設。一九一九年九月，孫中山致函大總統黎元洪，希望他主持修改稅收政策、統一幣制，大力支持商業。

孫中山在思想上繼承和發揚維新人士薛福成、馬建忠、鄭觀應等人的振興商業思想，要求學習西方，振興中國商業。孫中山提出在衝破社會阻力順應時代潮流方面，堅持「國政與商政並行」，國家發布保護商業的法令，保護商人的正當利益。

一九一二年一月，孫中山在總統任上親自批閱商務文件，宣傳臨時政府的商務政策。在解職後，孫中山先生一面竭力宣傳三民主義思想，一面籌措工商事業。透過演講，喚起國民的

實業熱情。

一九一六年後，孫中山把振興商業與改良政治結合起來，因此他的商業政策不可避免帶有兩面性。他開始設法預防商人利用中外合資和私人獨資壟斷市場，提出節制私人資本，解決貧富不均。後期他又提出透過「扶助農工」來解決中國的經濟和民生問題，只是由於在當時並沒有也不可能提出集體所有制，無法確立具有中國特色的經濟制度，但無疑為後人留下了方向和加以完善的思維。

關於農村的那些事

隨著大清帝國中期以來社會矛盾的突出，川楚地區成為眾多流民聚居之處。十八世紀末至十九世紀初，川陝鄂邊境爆發了規模宏大的白蓮教起義，主要領導人物王聰兒。這次起義歷時九年，直到一八〇四年大清帝國才把這場起義鎮壓下去。

歷時長久的征伐，不僅耗盡了帝國的經濟實力，也重創了帝國的正規軍。以致在後來的徵繳中，不得不動用地方自助武裝，這就是「地方團練」的由來。團練由地方士紳領導，以村寨為依託，設防自衛，堅壁清野。

清帝國允許地方軍事化的存在，使其合法性成為事實。太平天國運動之後，團練取代了保甲制度的功能，政治功能越來越明顯，士紳作用日益擴大。地方政治的軍事化成為近代中國

鄉村長期動盪的重要原因。[06]

在湘軍崛起的影響下，勢力日益擴大的地方督撫開始將觸角伸到縣以下。鄉紳開始出現權力的公開化傾向，成立地方團練、調解糾紛、充當仲介角色。鄉紳的政治介入使鄉村環境發生變化，對於道德力量的依賴有所減弱，轉向對一定武力的依賴。鄉紳進入城鎮居住的現象日益明顯，農村統治力量趨於弱化，人文環境趨向惡化。

在這樣的背景下，變革性的嘗試，把農村的改革指向地方自治。大清帝國在衰亡中力行變革，一九〇一年以後的新政推動了地方自治，各省諮議局和自治團體湧現出來。地方村社菁英參與管理地方事務制度化了，鄉紳們的權力更為直接。隨著科舉制度被廢除，農村中的私塾開始衰落，也使村社中的知識分子無心安於鄉土，競相投身於新式學堂，離開鄉土，帶來了鄉土人文的惡化。同時，長久以來以科舉為核心的選舉制度和教育制度，習慣性地成為維繫鄉村社會菁英和政治菁英的紐帶。身為帝國中樞大臣的端方和袁世凱提出迅速廢除科舉，目的之一就是消除人們對舊制度的依戀，使士紳接受新的教育制度，先破後立去完成改革。

自治的理想不是解決中國農村問題的最佳方案，但不得不

---

06 馬平安：《晚清變局下的中央與地方關係》，新世界出版社，2014年1月版，80—81頁。

第四章　中國現代化之路的反思

說已經成為一種趨勢和選擇。一九○二年，歐榘甲《新廣東》一書中說：「且夫自立者，天地之大義，生人之本分，不可不擔當不力行者也。我人之呻吟於專制政體之下，不得平等自由，登進文明之路，宜早樹獨立旗，擊自由鐘，以奮我國民之精神，以復我天賦之權力，雖滿清政府未到如斯之地位，尚需早圖自立，以除阻我文明之進步矣，何況其衰頹至於今日者乎？」中央與地方間關係重構成為近代中國地方自治思潮的邏輯起點。推行地方自治成為緩解政府巨額賠款和村鄉事務的應急措施。借助鄉紳的力量，賦予他們權力，透過他們完成費用的徵集，完成行政網絡的延伸。[07]

農村凋敝日甚一日，進入一九二○年代，農村社會在軍閥統治下，農民的處境越來越悲慘。農民變成地方勢力之間爭鬥的資本，一定條件下還得讓他們生存下去，一定時候還對他們行使保護義務。鄉村的破敗面臨一個日益惡化的政治經濟環境。

很多生活混不下去的農民當了兵，當兵吃糧似乎成為一種天經地義的職業。西北地區的軍閥往往不能按時支餉，兵員生活並不好。農民也有平時務農，戰時從匪的，尤其是在河南、山東、貴州、四川等數省。四川地區的匪患達到一百五十萬的規模，危害地方很多年。留在土地上的農民盡可能地利

07　張鳴：《鄉村社會權力和文化結構的變遷》，陝西人民出版社，2013 年 3 月版，46—47 頁。

用土地，種出商品化高的作物，除糧食外，甚至種植特殊的「經濟作物」鴉片。曾任英國駐天津總領事的謝立山爵士（Sir Alexander Hosie），一九一〇年到一九一一年期間，曾兩次來中國調查種植罌粟的情況。謝立山爵士在旅途中經常發現小塊種植但連窪成片的罌粟地。他在調查報告中談到罌粟種植在中國已是一個公開的祕密。他第一次去陝西時發現了九百九十八片罌粟地。第一次到甘肅發現了五百九十五片罌粟地，第二次則高達兩千零三十六片。[08]鴉片泛濫的結果是，農民除自身染上菸癮外，家裡的日子甚至更糟，無法正常地過日子。

普遍的貧困，明顯的惡化趨勢的社會秩序，政府機構下移，使得鄉紳開始看重鄉村政權的職位，投入直接的社會管理當中。對於農民來說，對權力壓迫的忍受力在直線下降，農民們敵視那些比他們生活好點的人，稍有火星就會燃起大火。[09]

山西一地的「村本政治」

談到「山西王」，人們大多會想到閻錫山，這個在三十四歲就掌握山西軍政大權的軍閥。

閻錫山給人的感覺是求穩圖變，他以「保境安民」作為他的基本原則苦心孤詣地經營著山西，又不允許別人染指；圖變

08　鄭曦原：《共和十年》，當代中國出版社，2011 年 8 月版，412—416 頁。

09　張鳴：《鄉村社會權力和文化結構的變遷》，陝西人民出版社，2013 年 3 月版，51—52 頁。

是說他關注社會思潮，不僵化。這些表現都和他早年的留洋經歷有關。

他從一九一八年開始在山西推行「村本政治」，核心就是「用民」，動用老百姓的聰明才智。一九一七年他提出仿效日本，在村一級設立「幹部」。設置了村長、村副。村下設閭，閭下設鄰，設置閭長、鄰長作為長官。這些所謂「村官」都有省政府發放補貼。在農村行使行政和警察職能。運行「六政三事」，即水利、植樹、蠶桑、禁煙、天足、剪髮和種棉、造林、畜牧。一邊融合社會改造，一邊發展山西農業。鑒於一縣區域的問題，村的數量也多，所以一九一八年又增設區一級行政，各縣分設三至六區，設區長一人，雇員兩人，並適當配置區警數人。區長由省府任命，署理縣交辦事項，督促村行政事務。

區村制度的實質是透過形式上的軍國主義、警察化的行政和發展農業國家資本主義，來發展山西的經濟。透過嚴密的行政網絡進行有效的統治，成立「行政人員訓練所」訓練民眾，編印宣傳資料、頒布村制規章，劃定村界。

閻錫山從一九二〇年邀請各地學者，在太原進山會館辦了一年多的學術講座，不斷改進他的社會實驗。閻錫山試圖以村鎮作為施政的基本單位，每三百戶作為一個編村，不足的村與其他村聯合設立編村。最終還是以自然村為單位。每村還成立村公所和各種村組織，成立息訟會、監察會等。這種社會組織

是透過自上而下的方式建立起來的,只是負責人必須經過村民選舉,這是比較民主的做法。各種組織配合村公所進行調查,清查十種違規的人,登記在冊,進行感化。一九一七年由閻錫山倡導,在太原成立了「洗心社」總社,各地廣泛設立分社組織。使用一種近似基督懺悔的方式,並宣講有關閻錫山的演講、訓令並施行文化教育。對於感化無法發揮作用的人,採取監視、取保、管教措施,甚至送到「新民工廠」去進行強制勞動。為有效地執行這些制度,閻錫山還以村為基本單位,將一些軍官和士兵派回原籍成立保衛團。所有十八到三十五歲男丁都要入團接受軍事訓練,負責保衛村莊、維持地方治安。保安團形成類似準警察的體系,一九三〇年代保衛團丁數量達到了五十五萬。

閻錫山對山西村治的設計,部分地吸收了三權分立制度。村民會議議事,村公所執行,村監察委員會糾舉。在各界提倡守法,制定法律性規範。在民國時代,首先把養民蓄民思想帶入村政改革,重視儒家入世和個人政治願景的重構,創造「人人無訟,家家有餘」的鄉村社會,閻錫山無疑可稱民國第一人,也引發了民國時代效法和研究地方自治的熱潮。

閻錫山的村政改革,歷經一九二〇至一九二七年,發揮了巨大的作用。一是積聚了財富用於以軍工企業為主的工業建設,此後甚至可以和武漢軍工廠相比較,擁有電氣廠、煉鐵廠、火藥廠、兵工廠等;二是農村行政警察網絡將分散的人力、

財力和物力，有效地匯聚起來用於山西建設。但由於處於落後的農業地區，到最後可能形成一種變相的軍事警察農奴制，走不下去成為很自然的事。[10]

從政黨政治到一黨政治

從一九一三年掀起「二次革命」到一九二四年改組國民黨，孫中山先生一路走來，也一路坎坷，最終學習蘇俄，「以黨治國」，實行一黨政治。有人評價這是開了中國近代一黨專政的先例。也有學者認為其政黨思想具有鮮明的革命性，為中國革命和建國事業進行了偉大嘗試。

西方多黨制形成的原因，主要是由於資本主義商品經濟的競爭引起的。資產階級是複雜的不同利益集團，和附著在利益集團之上的各種政治派別。黨派之間時而利用、時而競爭，成為政黨政治的常態。政黨間長期競爭形成勢力相當的主要政黨，或聯合執政或結成政黨聯盟輪流執政。

資產階級政黨應民主政治而產生，是指導人民進行革命並維護政權的橋梁，是人民覺醒的象徵。政黨作為中國人民反抗封建專制的產物，在近代中國出現，是中國人開展反封建鬥爭和建設民主法制社會的必然選擇。

10　張鳴：《鄉村社會權力和文化結構的變遷》，陝西人民出版社，2013 年 3 月版，70—81 頁。

從政黨政治到一黨政治

　　一八九四年出現的興中會，雖然有組織章程和行動綱領，但是缺乏群眾基礎，也不足以建立政府和實行民主政治，只是一個資產階級革命團體。一九〇五年產生的中國同盟會，已經是一個資產階級政黨。儘管只稱其為「會」，就像章開沅先生所評價的那樣，稱其為政黨的意義在於產生了一個偉大的革命領袖孫中山，具有政黨的組織和明確的革命綱領 —— 三民主義。

　　一九一二年以後，在近代中國出現了多黨政治的局面，大家都在追捧多黨議會制。同盟會也糾集統一共和黨等小黨派組成國民黨，參與政黨政治。同盟會不僅由祕密狀態轉變為公開政黨，而且發展地方自治、屬行種族同化，將三民主義演變為民生的一民主義，壯大組織卻降低了革命性。

　　民國初年的政治舞臺上，革命、立憲和軍閥三種政治勢力，圍繞政權所展開的鬥爭是非常激烈的。國民黨在議會大選取得勝利，極大地增強了國民黨人進行政黨政治的信心。孫中山儘管贊同西方的政黨政治，但中山先生並不熱心於政黨政治。「二次革命」失敗後，袁世凱一方面指使親信黨徒成立社會團體為其竊國鼓噪搖旗；另一方面大力支持立憲派政黨團體，以其為工具與革命派進行爭鬥。袁世凱先是「以黨治黨」，其後下令解散了國民黨。一九一五年十月，袁進而廢除多黨議會政治，實行君主立憲。

　　一九一四年，中華革命黨成立，孫中山先生重回革命陣

營，「掃除專制政治、建設完全民國」，並確立了軍政、訓政、憲政三大時期。[11]

　　對於孫中山來說「革命黨」與「政黨」是有區別的。中華革命黨的成立，既代表了組織的純潔，也代表了孫中山政黨思想的轉變。孫中山看到了淨化組織的作用，看到了宣傳的作用，提出了「以黨治國」的方案，提出了以黨治軍的政治原則。

　　一九二四年一月，國民黨第一次全國代表大會（以下簡稱「一大」）上，孫中山強調要把國民黨改造成一個有力量的政黨，然後再用政黨的力量來改造國家。孫中山否定了代議政治，也否定了西方兩黨輪流執政的政體，認為中國應該學習蘇俄實行「人民獨裁政體」。孫中山提出以黨治國、政黨合一的建國模式，反映了他已經開始意識到革命政黨掌握國家機器的重要性。

　　一九二四年，中國國民黨一大的召開成為國民黨歷史的重要轉折點。列寧主義政黨組織模式的引入，「以黨建國」、「以黨治國」理論逐漸定型，中國國民黨成為一個全國性的政黨。中國國民黨在中國執政以後，從來沒有建立起嚴密和強大的組織體系，支撐政權的力量只是憑藉軍人和武力，所以控制力未能深入社會內部，在人員構成上多網羅社會權勢力量和具有權勢潛能的人進入黨部。

　　中國國民黨的組織和影響力未能深入社會底層和社會生活

11　孫中山：〈中華革命黨總章〉，《孫中山全集》第3卷，中華書局，1984年版，97頁。

的各方面，蔣中正只是憑藉強化的祕密組織打造著國家機器。美國學者易勞逸評價：「在獨裁的外觀之下，其權力很大程度上來自對一支占優勢的軍事力量的控制。」[12] 孫中山去世之後，中國國民黨陷入黨統、路線、中央和地方權力之爭的漩渦中，蔣中正本人最終以軍權控制黨權，發揮軍事統制作用。中國國民黨後期沒有真正仿效蘇俄黨治，黨權在基層日趨弱化，以軍隊統一政治和控制黨務。

蔣中正政權在很大程度上拋棄了孫中山先生的三民主義理念。一黨政權的獨占和民主憲政互相矛盾，而且缺乏自己的社會階級基礎，特別是在捨棄了「扶助農工」政策之後。以黨治國不失為一種加強國家統治權威的有助於社會穩定的制度，中國國民黨的黨力薄弱，缺乏群眾基礎，只憑藉軍力統治無可避免地最終陷入獨裁統治的境地。

魯迅筆下的中國國民性

對國民性的改造，最早提出思路的是梁啟超，他認為「中國民氣散而不聚，民心默而不群」，所以提出「新民說」，以求把中國國民改造成具有國家意識、公德意識和尚武精神的現代公民。[13]

梁啟超提出了「欲新民，必自新小說始」的思路。魯迅身

12　王奇生：《黨員、黨權與黨爭》，上海書店出版社，2003 年 10 月版，358 頁。

13　張宏杰：《中國國民性演變歷程》，湖南人民出版社，2013 年 5 月版，249—252 頁。

為新一代知識分子的代表，海外經歷使他對西方文化的了解更為深入，同樣作為文化決裂論者，他認為需要對傳統文化進行批判性繼承。新文化運動的陣壇上，文學家們普遍認為傳統文化比西方文化落後，已經變得完全過時而無用。

魯迅先生認為人們的國民性中有著祖先遺傳下來的病毒，「民族根性造成之後，無論好壞，改變都不容易」。魯迅針對傳統文化缺乏活力、壓抑人的個性生命力和創新的狀況，主張要看外國書籍，讀起來與人生發生觸碰，產生做事的衝動。

民國「共和」招牌下的政治運作，特別是軍閥混戰連連的事實，使人們看到了「先進政治制度」與國民素養間的極大不適應。辛亥革命之初，魯迅對新民國充滿期待。其後的事實使他非常失望，「見過辛亥革命，見過二次革命，見過袁世凱稱帝，張勳復辟，看來看去，就看得懷疑起來，於是失望，頹唐得很了」。[14]

魯迅提到用文藝喚醒人的靈魂。其後從一九一八年發表《狂人日記》開始，魯迅進行了二十年的「國民性改造」工程，用小說雜文當作投槍匕首，用犀利「毒辣」的文筆，創作了大量作品。

魯迅先生認為中國傳統文化影響下國民性格充滿了奴性色彩，逆來順受、愚昧卑怯。〈墳〉一文中稱中國人從沒有爭到過人的價格，至多只是奴隸而已。〈祝福〉中的祥林嫂淪落為

14　魯迅：《魯迅全集》（第五卷），人民文學出版社，1973 年 12 月版，49 頁。

命運悲慘的底層婦女，口頭囈語般的「我真傻」成了她人生被
摧殘殆盡後的真實寫照。〈阿 Q 正傳〉中精神勝利法成為阿 Q
一類人愚昧麻木、自欺欺人的性格特徵。〈故鄉〉中少年閏土
隨著生活的變遷步入中年，經濟和精神上陷入雙重的貧賤之中。

　　在魯迅的作品中也不乏提到冷漠的看客，他們在強勢面前
只願做沉默看客，麻木不仁。〈藥〉一文中觀看烈士夏瑜被砍
頭的看客。伸長鴨頸的看客也出現在了日俄戰爭中，處決中國
「間諜」的刑場上。也因此觸動魯迅在一九〇六年由日本仙臺前
往東京，棄醫從文。一九一九年魯迅先生在《熱風》中，稱中
國臣民只會拿別人做賞玩，拿自己做倖免。一九二三年〈娜拉走
後怎樣〉一文稱中國人永遠是戲劇的看客。

　　魯迅將梁啟超的「以小說塑造新人」滲透在文藝當中，產
生了巨大的影響。只是經過魯迅一代人的努力，中國國民性並
沒有造成立竿見影的「立人」效果。先生對國民性的批判之聲
越來越激烈。

　　魯迅既看到了民眾的正面力量，比如一九三〇年代他在《門
外文談》中闡明勞動實踐對文化藝術的作用，陶醉於大眾文學
的「剛健清新」，認識到新的社會的創造者是無產階級。他又看
到民眾的可啟蒙性：一九二五年，他在〈再論雷峰塔的倒掉〉
中言指中國被批判的國民不包括全部的人民；一九三四年，他
在〈中國人失掉自信力了嗎〉一文中明確指出，國民性批判直

指的中國人只是一部分。

　　只是事實上的努力也讓魯迅深感國民性，特別是知識分子的某些方面有越來越壞的趨勢。一九二七年，他曾說廣東的青年或投書告密或助官捕人，使自己的思路因此轟毀，不再無條件地對知識青年表示敬畏。一九三三年，他了解到現時的青年更看重目前利益，城府也深。相對來說，魯迅對知識分子的否定成為更重要的部分。這種否定性認知既是對封建衛道士的否定，也是對身為覺醒者難克服之弱點的批判，這種否定與對民眾的肯定又是並存的。

　　蘇俄建國後，魯迅受蘇俄「勞工神聖」思潮影響，逐漸接受了「階級鬥爭論」，認可蘇聯的存在和成功。由於受到蘇聯知識分子政策影響，他不可避免對知識分子產生過一定的偏激情緒。魯迅先生看到了民眾的革命和激烈的政治變革，從而反對政治改良，最終告別了用思想革命來改造國民性的努力。

胡適的國民性改良思路

　　在五四運動之前，胡適對國民性的觀點與魯迅別無二致。胡適在《胡適自傳》中曾說在國民性問題上，受最大影響的是梁的〈新民說〉。一九〇四年，十三歲的胡適來到上海，當他有幸連續讀到梁啟超的文章時，便推動少年胡適轉到了舊書堆以外的新世界。

　　胡適評論無論帝制、共和，沒有國民性作為先決條件，都不能救中國。他認為要先訓練好國民性，才能進行民主政治建設。只是在當時的社會狀態下，即使拿到了國民性訓練的合格證照，中國民眾也不會被允許登上民主政治這輛機車。

　　胡適在上海公學期間，曾為《競業旬報》撰稿，透過白話文教育國人革除陋習，做時代的新國民。他曾批評國民缺乏愛國家的觀念，他曾盛讚少女貞德的愛國心，很希望國民起來救國。[15] 他在〈愛國〉一文中主張國人都知曉愛國，這樣才會不受人欺，國家才會強大。回國後的胡適在〈信心與反省〉一文中說信心是一個民族生存的基礎，讚賞青年們對於國家民族前途抱有的信心。他認為中華民族最偉大的地方就是學習，不肯學人家的好處的時候，文化也就不能進步了。「播了種一定會有收穫，用了力絕不至於白費」，胡適推崇公民應該樹立信心。

　　五四以後，胡適的思路由「國民性決定論」轉向「制度先行論」。胡適開始意識到民主制度的啟蒙和教育比單純的宣傳更具效果。

　　胡適說，美國公民生在民主的空氣裡，在制度的薰陶下，掌握了民治國家公民應具備的制度知識，遠比中國國民讀報紙學政治高明得多。民國初年，社會上流行國民性，造成民主制度運行不良的看法。胡適認為新型政治制度在中國剛開始運

15　胡適：〈世界第一女傑貞德〉，《競業旬報》，1908 年 9 月十六日第 27 期。

第四章　中國現代化之路的反思

轉，不暢是很自然的事。民主政治這架在西方運行兩千年的機器，進入中國沒有經歷一定時日的磨合和改造，一下子輕車熟路般地運轉起來，反而不正常。這是因為時間和經驗造成的。[16]

一九二三年，發生了曹錕賄選事件，舉國譁然。但在憤怒之餘，胡適並沒有產生否定代議制的想法。他認為在民主政治之初出現這樣的問題是正常的。他舉出日本民主進程中的實例，說日本第一次選舉議會，具有選舉權的不過全國公民的百分之一。四十年後，日本男子公民完全實現了普選。他說民主本身就是一種公民教育，他的選票今天拿去買賣，總有將來不肯賣的時日。不給他選票，他將來連賣票的本事都沒有。胡適認為，賣票說明這一票還是有用的，中國的民主政治注定從賣票和打架開始，一定要邁出這關鍵的第一步，再去進行漸進的改良。

胡適認為中國的問題只進行激烈的道德批判，達不到應有的效果。單純政治解決不了道德問題，單純道德也解決不了政治問題。透過好的制度可以約束人性，有助於塑造好的國民性。這是必須採用雙向決定的問題。個人的生活脫離不了社會的影響，不改造社會，改造國民性是不可能的。

16　張宏杰：《中國國民性演變歷程》，湖南人民出版社，2013年5月版，261—263頁。

中國現代化的真正路途

鴉片戰爭後，中國人一直在尋找救國的路徑，從思想上去戰勝自己，然後去不斷嘗試。社會的演進，當西方文明與東方文明開始劇烈撞擊的時候，近代知識分子的憂思已經超越了古代士大夫的家國情懷。

皇帝和社稷的安危，已經被國家和民族的安全所超越；農本主義的太平願景，已經被民主主義的深重危機所超越。

第二次鴉片戰爭的烽火已經打碎了這個國家的平靜。一八四○年之後十年，西方的戰艦繼續衝擊古老帝國的大門，官員們紙醉金迷的沉淪之後，林則徐瞭望西夷的告誡已經成為事實。

十九世紀，英國人已經獲得了強大的技術力量，西方文明足以戰勝封建意識仍舊濃重的東方帝國。十八世紀已經成為歐洲頭號強國的英國，成為大清帝國最危險的敵人。

海外殖民地成為英國的原料工廠，同時也必須成為它的銷售市場，英國率先完成了工業革命。以蒸汽機和輪船為代表的新發明和新技術，推動了英國的工商業迅猛發展，「世界工廠」占據了世界的經濟霸主之位。

蔣廷黻先生說：「中西的關係是特別的。在鴉片戰爭以前，我們不肯給外國平等待遇；在以後，他們不肯給我們平等待遇。」中國習慣於自給自足的自然經濟，外國要發展資本主義，也要

求中國強行適應資本主義對世界市場的衝擊。

　　鴉片戰爭之後中國人才真正知道海外也有「洋夷」。十九世紀中葉後，中國人也才真正知道「洋夷」比中國屬害，且誠惶誠恐地改稱其為「洋人」甚至「洋大人」。

　　繼續依靠關起大門來維持大清帝國固有的秩序和尊嚴，已經不可能。中國人具有強烈的民族感情，也從這個時候開始民族情感上升為第一位。開明官僚打破了老祖宗的規矩，也辦洋務。於是三十年洋務應運而生。遺憾的是洋務運動只是一場修補式的改革，沒有改革的觀念。從此，中國也有了輪船、工廠、電報、海軍，在一些方面也辦得風生水起。但是最終和西方一比，還是差很多。究其實質，中國沒有學習西方的政治制度，更沒有進行制度變革。

　　如果說一般民眾只會對西方的侵入停留在憤慨和不安的感情狀態，真正推動中國在思想上不斷進步的當屬知識分子。

　　一百多年的抗爭和思索，中國思潮大致分成保守主義、自由主義和激進主義。其中，保守主義主張在弘揚中國的傳統文化的基礎上，有選擇地接受西方的經驗。自由主義對中國的改革持比較溫和的改良姿態，倡導個人自由、政治民主。激進主義既否定中國的傳統文化，對西方學說持批判和懷疑的態度，主張以革命的方式建立全新的社會。只是三種思潮既會發生激烈爭論，也會在一定程度上融合，而且對於個人知識分子來

說，隨著時局的變遷其思想也會發生改變。[17]

　　一八六〇年代，最早放下「天朝上國」的面子主張學習西方的是馮桂芬，他在《校邠廬抗議》中提出「以中國之倫常名教為原本，輔以諸國富強之術」。隨後的王韜、薛福成等人透過闡明中西、古今因素的主從關係，主張發展科技、振興商務、建立新式學堂，並推動了洋務運動的發展。洋務運動既是保守主義的產物，也是中國走向世界的最初嘗試，「中體西用」的思想經過洋務大員張之洞的宣傳，成為一時傳播的流行思潮。一八九〇年代以後的「國粹派」和一九二〇年代的「新儒家」都是保守主義的代表，章太炎、梁啟超、張君勱、梁漱溟、馮友蘭等人都成為復興儒學的國學大師。

　　一八九〇年代，開啟中國自由主義現代化探索的是嚴復。他提出鼓民力、開民智、新民德，從而實現個體的真正自由，被尊為「中國西學第一者」。戊戌運動期間，嚴復為自由主義的若干理論奠定了基礎。新文化運動成為自由主義的黃金時期，與保守主義、激進主義共同開啟了一個思想自由的時代。作為自由主義的典型代表，胡適主張要向西方自由化學習，系統性地闡發了點滴的改良主義主張。

　　激進主義對傳統文化和資本主義文明都持批判態度。又分為以劉師培、劉師復為代表的無政府主義、以孫中山為代表的

17　何曉明：《百年憂患》，東方出版中心，1997 年 6 月版，69—72 頁。

革命民主主義、以陳獨秀為代表的科學社會主義。五四運動以後，科學社會主義的影響與日俱增，而且成為引導中國的理念共識。

在長久的封建帝國統治下，國家的田賦是主要收入，很多時候還是入不敷出。像在大清帝國的一一六六年（乾隆三十一年），國家總收入四千萬兩白銀，其中屬於田賦收入的是三千二百萬兩。[18]

農民問題逐漸成為革命的關注點，從一八六〇年代的反洋教鬥爭，將農民推上風口浪尖，農民成為捍衛鄉村利益的自發勢力，義和團運動也因此成為農民愛國反教鬥爭的最高潮。對這個群體關注較早的是孫中山，他的三民主義中，民生一節就提到平均地權的主張。但最早把中國革命看作是農民戰爭的特殊形式，把農民看作是時代革命的主要依靠力量的人是毛澤東。正是無產階級革命黨人不斷地探索和奮爭，將馬克思主義與中國農民的土地問題相結合、與中國工人階級的鬥爭相結合，透過領導工農聯盟，最終取得了中國新民主主義革命的最後勝利。

18　胡繩：《二千年間》，北京出版社，2016 年 8 月版，153—156 頁。

參考書目

〔清〕李鴻章撰，顧廷龍、葉亞廉整理（1985）。《李鴻章全集：電稿》一至三冊。上海：上海人民。

王樹增（2011）。《1901》。北京：人民文學。

王奇生（2003）。《黨員、黨權與黨爭：1924—1949 年中國國民黨的組織形態》。上海：上海書店。

孔祥吉（1988）。《康有為變法奏議研究》。遼寧：遼寧人民。

朱有瓛主編（1986）。《中國近代學制史料》第一輯上冊。上海：華東師範大學。

朱有瓛主編（1987）。《中國近代學制史料》第二輯下冊。上海：華東師範大學。

朱有瓛主編（1992）。《中國近代學制史料》第三輯上冊。上海：華東師範大學。

朱有瓛主編（1993）。《中國近代學制史料》第四輯上下冊，上海：華東師範大學。

李新等主編（1982）。《中華民國史》。北京：中華書局。

李新等主編（1987）。《中華民國史》。北京：中華書局。

李劍農（2002）。《中國近百年政治史》。上海：復旦大學。

吳荔明（1999）。《梁啟超和他的兒女們》。上海：上海人民。

吳貫因（1983）。〈丙辰從軍日記〉。《梁任公先生年譜長編初稿》第七冊。上海：上海人民。

吳宗國（2004）。《中國古代官僚政治制度研究》。北京：北京大學。

林家有（1999）。《孫中山與中國近代化道路研究》。廣東：廣東教育。

汪敬虞（1957）。《中國近代工業史資料》第二輯下冊。北京：科學。

沈岩（2007）。《船政學堂》。北京：科學。

岑大利（2007）。《中國歷代鄉紳史話》。遼寧：瀋陽。

何曉明（1997）。《百年憂患》。上海：東方出版中心。

邢超（2013）。《致命的倔強：從洋務運動到甲午戰爭》。北京：中國青年。

來新夏（2011）。《北洋軍閥史》。上海：東方出版中心。

第四章　中國現代化之路的反思

易中天（2007）。《帝國的終結》。上海：復旦大學。

胡適（1998）。〈五十年來中國之文學〉。《胡適文集（三）》。北京：北京大學。

胡繩（2016）。《二千年間》。北京：北京。

茅海建（2005）。《戊戌變法史事考》。北京：生活‧讀書‧新知三聯書店。

馬長虹（2012）。《民國國父孫逸仙》。北京：九州。

馬大正（2000）。《中國邊疆經略史》。河南：中州古籍。

馬平安（2014）。《晚清變局下的中央與地方關係》。北京：新世界。

馬勇（2015）。《百年變局》。北京：中國工人。

馬勇（2014）。《中國歷史的側面》。北京：光明日報。

馬勇（2012）。《大變革時代：1985—1915 年的中國》。北京：經濟科學。

孫中山（1982）。〈中國之鐵路計畫與民生主義〉。《孫中山全集》第二卷。北京：中華書局。

孫中山（1984）。〈中華革命黨總章〉。《孫中山全集》第三卷。北京：中華書局。

孫中山（1981）。〈改造中國之第一步〉。《孫中山選集》。北京：人民。

夏東元（1992）。《洋務運動史》。上海：華東師範大學。

夏曉虹（2006）。《閱讀梁啟超》。北京：生活‧讀書‧新知三聯書店。

陳平原（2002）。《中國大學十講》。上海：復旦大學。

陳旭麓（2012）。《近代中國社會的新陳代謝》。上海：上海社會科學院。

姜朝暉（2008）。《民國時期教育獨立思潮研究》。北京：中國社會科學。

戚其章（2005）。《甲午戰爭史》。上海：上海人民。

戚其章（2001）。《國際法視角下的甲午戰爭》。北京：人民。

張宏傑（2013）。《中國國民性演變歷程》。長沙：湖南人民。

張鳴（2013）。《張鳴說民國》。北京：中國工人。

張鳴（2010）。《軍閥與五四》。桂林：廣西師範大學。

張鳴（2016）。《重說中國近代史》。北京：臺海。

張鳴（2011）。《辛亥：搖晃的中國》。廣西：廣西師範大學。

張鳴（2013）。《鄉村社會權力和文化結構的變遷》。陝西：陝西人民。

張海鵬主編（2007）。《中國近代通史》。江蘇：江蘇人民。

許紀霖（2017）。《家國天下》。上海：上海人民。

許滌新、吳承明主編（1990）。《中國資本主義發展史》第二卷。北京：人民。

許壽裳（2009）。《章太炎傳》。天津：百花文藝。

梁啟超（2014）。《歐遊心影錄》。上海：商務印書館。

梁啟超（1999）。〈痛定罪言〉。《梁啟超全集》第九卷。北京：北京。

梁啟超（2005）。《飲冰室合集集外文》上冊。北京：北京大學。

梁啟超（1989）。《飲冰室合集之十九》。北京：中華書局。

康有為（1998）。〈請斷髮易服改元折〉。《康有為政論集》上冊。北京：中華書局。

湯志鈞（1981）。《康有為政論集》上冊。北京：中華書局。

湯志鈞（2013）。《章太炎年譜長編》。北京：中華書局。

黃修榮（1998）。《國共關係七十年》上卷。廣東：廣東教育。

傅國涌（2008）。《大商人：影響中國的近代實業家們》。北京：中信。

隋麗娟（2007）。《隋麗娟說慈禧》。北京：中華書局。

楊天石（2007）。《國民黨人與前期中華民國》。北京：中國人民大學。

楊天石（2007）。《晚清史事》。北京：中國人民大學。

雷頤（2008）。《李鴻章與晚清四十年》。山西：山西人民。

閭小波（2003）。《中國近代政治發展史》。北京：高等教育。

熊月之（1994）。《學東漸與晚清社會》。上海：上海人民。

魯迅（1973）。《魯迅全集》第五卷。北京：人民文學。

鄭曦原（2011）。《共和十年》。北京：當代中國。

鄭曦原（2001）。《帝國的回憶》。北京：生活‧讀書‧新知三聯書店。

鄭師渠、史革新、劉勇主編（2009）。《文化視野下的近代中國》。北京：中國傳媒大學。

閻錫山（2012）。《閻錫山回憶錄》。山西：三晉。

蕭功秦（2011）。《危機中的變革》。廣東：廣東人民。

嚴復著，王總主編（1986）。《嚴復集》。北京：中華書局。

沙培德（2016）。《戰爭與革命交織的近代中國》。北京：中國人民大學。

［日］佐藤鐵治（2012）。《袁世凱傳》。安徽：安徽人民。

第四章　中國現代化之路的反思

［澳］雪珥（2009）。《絕版甲午》。上海：文匯。

［美］斯特林‧西格雷夫著，秦傳安譯（2005）。《龍夫人：慈禧故事》。北京：中央編譯。

［美］巴菲爾德著（2011）。《危險的邊疆》。南京：江蘇人民。

電子書購買

國家圖書館出版品預行編目資料

中國政治現代化的發展歷程：天朝思想、封建
禮教、錯誤政策，五千年文明為何變得脆弱不
堪？/ 張連文著 . -- 第一版 . -- 臺北市：崧燁文
化事業有限公司 , 2022.08
　面；　公分
POD 版
ISBN 978-626-332-555-5(平裝)
1.CST: 政治發展 2.CST: 中國
574.1　　111010801

中國政治現代化的發展歷程：天朝思想、封建禮教、錯誤政策，五千年文明為何變得脆弱不堪？

臉書

作　　　者：張連文
發 行 人：黃振庭
出 版 者：崧燁文化事業有限公司
發 行 者：崧燁文化事業有限公司
E - m a i l：sonbookservice@gmail.com
粉 絲 頁：https://www.facebook.com/sonbookss/
網　　　址：https://sonbook.net/
地　　　址：台北市中正區重慶南路一段六十一號八樓 815 室
Rm. 815, 8F., No.61, Sec. 1, Chongqing S. Rd., Zhongzheng Dist., Taipei City 100, Taiwan
電　　　話：(02) 2370-3310　　傳　　　真：(02) 2388-1990
印　　　刷：京峯彩色印刷有限公司（京峰數位）
律師顧問：廣華律師事務所 張珮琦律師

─ 版權聲明 ─

定　　　價：350 元
發行日期：2022 年 08 月第一版
◎本書以 POD 印製